DES DROITS ET DES DEVOIRS DU CITOYEN

DANS

LES CIRCONSTANCES PRÉSENTES,

AVEC UN JUGEMENT IMPARTIAL SUR L'OUVRAGE DE M. L'ABBÉ DE MABLY.

Par un Citoyen ami des trois Ordres, Auteur de *l'État des personnes en France sous les deux premieres Races de nos Rois, &c.*

Sine ira & studio, quorum causas procul habeo. TACITE.

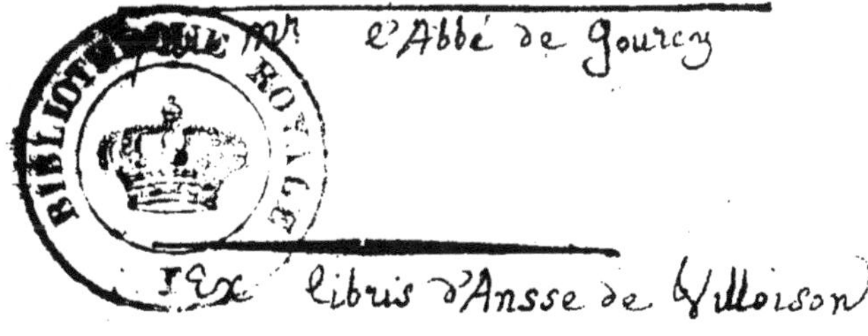

1789.

AVERTISSEMENT.

On ne s'eſt propoſé que d'être utile, de dire la vérité ſans acception de perſonne, de tracer le tableau fidele, & de développer les principes conſtitutifs de la Monarchie Françoiſe; d'inſpirer à tous le déſir ſincere de la réunion, qui peut ſeule ſauver la Patrie, en aſſurer le repos & le bonheur. Le Lecteur voudra bien, en faveur de ces motifs, être indulgent pour la forme de l'Ouvrage, à laquelle on n'a pas eu le temps de donner la perfection dont elle peut être ſuſceptible.

On a écarté de cette brochure tout appareil d'érudition, qui, ſans doute, y auroit paru fort déplacé. Ceux qui ſeront curieux de voir les preuves que fourniſſent les monumens de l'Hiſtoire, peuvent conſulter la Diſſertation intitulée : *Quel fut l'état des perſonnes en France ſous les deux premieres Races de nos Rois*, couronnée par l'Académie des Belles-Lettres.

On s'appercevra aisément que cet Ecrit, fait il y a assez long-temps, a été fort retardé à l'impression. Mais les principes qu'on a tâché d'y établir, semblables à la vérité, toujours ancienne & toujours nouvelle, ne sauroient vieillir.

TABLE

ET ORDRE DES MATIERES.

ADDITIONS ET CORRECTIONS.

MANDATS des Députés aux Etats Généraux, *pag.* 35, *lign.* 5.

Deux choses certaines touchant les Mandats, & qui embrassent tout : l'une, que les Mandataires ou Députés n'ayant de pouvoirs que ceux qu'ils ont reçus de leurs Commettans, ne peuvent ni proposer, ni consentir que ce qu'ils sont aurorisés, soit expressément & spécialement, soit en termes généraux & suffisans, à proposer & à consentir ; l'autre, que le vœu d'une Assemblée particuliere quelconque, & par conséquent de ses Députés, (hormis qu'il ne soit l'expression pure d'un article fondamental de la Constitution) ne sauroit ni gêner, ni arrêter les délibérations de l'Assemblée générale, où tout doit se décider à la pluralité des suffrages des trois Ordres, soit séparés, soit réunis, de leur consentement libre & distinct.

Vérification des pouvoirs des Députés aux Etats Généraux, *pag.* 40, *lign.* 4.

Pour prouver la nécessité de vérifier en

commun les pouvoirs des Députés, on objecte : les Députés de chaque Ordre, formant avec les Députés des autres Ordres, les Etats Généraux, les autres Ordres ont droit & intérêt d'être assurés qu'ils sont des Députés légitimes.

J'en conviens. Mais est-il nécessaire pour cela qu'ils soient déclarés tels par le jugement des autres Ordres ? Ce seroit blesser nos usages constitutionnels, la liberté, l'indépendance de chaque Ordre. Il paroît suffire que chaque Ordre communique aux autres les pouvoirs de ses Députés & la vérification qu'il en a faite, comme juge naturel, compétent & légal, de ce qui regarde ses Pairs. Peut-il subsister une difficulté raisonnable contre un tel jugement, qui est commun à tous les Ordres ? Au contraire, comme l'ont remarqué les Commissaires du Roi, le double suffrage du Tiers-Etat lui assure, dans la vérification en commun, une prépondérance qui augmenteroit encore son influence dans les délibérations subséquentes par tête, en le rendant maître d'admettre ou d'exclure les Députés, selon qu'il les croiroit favorables ou opposés à ses vues.

Enfin, rien de plus sage & de plus impartial

que le plan de conciliation proposé par le Roi : que des Commissaires des trois Ordres se rassemblassent pour vérifier en commun les pouvoirs de tous les Députés ; qu'ils portassent leurs vœux dans leurs Chambres respectives ; & qu'au cas qu'elles ne pussent se concilier, le jugement définitif fût renvoyé au Roi. Ce plan, qui a été accepté avec empressement & avec reconnoissance par le Clergé, eût du l'être par tous les Ordres. Il auroit retranché une source fatale de divisions, qui ont eu les suites que nous déplorons.

Page 8, *à la marge*, *lisez*, Egalité de contributions pour tous.

Page 21, *ligne* 12, affermis, *lisez* affermi.

Page 48, *ligne pénultième, mettre un point avant* pour.

Page 56, *au second alinéa, doit être placée l'addition marginale de la page* 57.

Page 74, *lig.* 26, *après* à remplir, *lisez* dans les Provinces.

APPROBATION.

J'AI lu, par ordre de Monſeigneur le Garde des Sceaux, un manuſcrit ayant pour titre: *Des Droits & des Devoirs du Citoyen, &c.*

L'importance du ſujet, la maniere ſage & préciſe dont il eſt traité, enfin le nom de l'Auteur, doivent faire déſirer l'impreſſion de cet Ouvrage.

A Paris, ce 10 Juillet 1789.

Signé DE SANCY.

DES DROITS ET DES DEVOIRS DU CITOYEN DANS LES CIRCONSTANCES PRÉSENTES.

Idée de l'ouvrage de l'Abbé de Mably.

AVEC la répugnance que j'ai toujours eue pour tout ouvrage polémique, je n'ai garde d'entreprendre la réfutation de l'écrit qui a paru ſous le titre *des droits & des devoirs du Citoyen, par M. l'Abbé de Mably.* Je préſume même qu'elle ſeroit ſuperflue. Je ne puis cependant me diſpenſer d'en dire un mot, en traitant le même ſujet.

Cet écrit ingénieux & intéreſſant à bien des égards, étincelant de fortes & lumineuſes vérités, eſt ſéduiſant pour ceux du moins qui ſont à portée de l'entendre & de le ſuivre; le nombre n'en eſt peut-être pas grand. Il ne l'eſt nullement pour ceux qui ſont capables de le juger; le nombre en eſt malheureuſement bien moindre. On y retrouve le caractere connu de l'A. de M., hardi, impétueux, dominé par la bile, dont les flots se répandent sur le Gouvernement & sur les différens Corps de l'Etat, poussant jusqu'à l'excès le zele patriotique & l'esprit républicain. Avec un étalage imposant de principes de morale & de patriotisme, il s'est plus d'une fois écarté des principes de la morale & du patriotisme. Ses *Principes de morale* ont prouvé le premier écart, l'ouvrage dont il s'agit prouve le second, & encore le premier (1).

La premiere moitié de l'ouvrage est d'une dialectique subtile & rapide, qui entraîneroit aisément, si l'on ne faisoit attention au point d'où part l'Auteur, au terme où il veut nous mener, & par quel chemin.

Tout Citoyen, dit-il, a droit de prétendre au bonheur dans la société où il se trouve, de se le procurer par tous les moyens possibles, de retrancher tout ce qui peut s'y opposer. La raison lui a été donnée pour juger souverainement de tout cela; & la liberté est le bien suprême où il doit aspirer.

Sans doute la fin de tous les hommes est

(1) Au reste, personne ne rend un hommage plus sincere que moi aux talens, aux connoissances, & aux vertus de M. l'A. de M.; mais il s'agit ici de son Ouvrage posthume.

le bonheur. Il eſt néceſſairement le terme de tous nos vœux & de toutes nos démarches. Mais rien n'eſt plus contraire au bonheur, que d'embraſſer ſous ſon fantôme trompeur, tout ce qui peut s'offrir à une imagination exaltée; tout ce qu'une raiſon ſi ſouvent abuſée, le jouet de nos fantaiſies & de nos paſſions, repréſente comme notre bonheur. Et cette raiſon, dont nous nous ennorgueilliſſons, eſt-elle la même dans tous les hommes, ne varie-t-elle pas continuellement dans chaque homme? ce qu'il admire le matin, le ſoir il le dédaigne.

Ainſi, faire de la raiſon de chaque Citoyen, le juge ſuprême de ce qu'il y a à changer dans chaque Gouvernement, n'eſt-ce pas ouvrir la porte à des conteſtations ſans ceſſe renaiſſantes, à une mobilité, à une agitation perpétuelle? La raiſon de chaque homme, qui doit ſans doute le guider dans la direction de ſes affaires & dans ſa conduite privée, embraſſera-t-elle donc l'enſemble d'une vaſte adminiſtration, à laquelle elle n'a pas été initiée; ira-t-elle d'un coup-d'œil ſûr & perçant ſaiſir le principe du déſordre & le remede? Rien de plus trompeur qu'une théorie qui n'a point été ſoumiſe au creuſet de l'expérience. Vous ſentez les inconvéniens des lois établies; vous ne pouvez calculer les inconvéniens des lois que vous prétendez y substituer. Et tous les moyens vous sont bons, pourvu qu'ils aboutissent à cette réforme que votre sens particulier vous a suggérée !

L'homme doit sans doute tendre à son bonheur. Mais en quoi consiste le bonheur du sage ? A vivre en paix sous l'empire & l'égide de la loi, à remplir religieusement les devoirs d'homme, de Citoyen, de son état ; à n'avoir en vue que les biens & les places assortis à sa condition, à ses talens, à ses facultés. Mais quiconque, sous prétexte de corriger quelques inconvéniens dans la Constitution, se croiroit fondé à remuer, à cabaler sans cesse, à bouleverser l'Etat, courroit à son malheur, en troublant le repos des autres. Et il faut bien remarquer que ce droit de tendre à son bonheur est commun à tous. Gardons-nous en voulant, à quelque prix que ce soit, nous procurer le bonheur, de nuire à celui des autres ; autrement, de l'empressement inconsidéré de tous à courir vers un bonheur souvent imaginaire, s'ensuivroit évidemment le malheur réel de tous.

Mais notre Auteur, aveuglément obstiné dans le systême qu'a enfanté une imagination désordonnée, ne craint pas de nous proposer la guerre civile pour réformer la Constitution.

Vous ne craignez pas les guerres étrangeres, nous dit-il froidement, pourquoi craindriez-vous la guerre civile, qui est alors un bien ?

Comment à ce mot la plume n'est elle pas tombée de ses mains ? Quoi ! il voudroit soulever les provinces contre les provinces, les villes contre les villes, les familles contre les familles ; il armeroit les freres contre les freres, les enfans contre les peres ! Un Citoyen, un Philosophe verroit de sang froid le Royaume regorger du sang des Peuples, versé par les mains des Peuples ! Voilà le chemin du bonheur qu'il ose nous ouvrir !

Ah ! nous ne voulons point de ce bonheur affreux, qui seroit le prix de la calamité publique, des plus atroces forfaits, de l'extinction de tous les sentimens doux & vertueux, à qui on sacrifie tout, & que rien ne remplace. Non, ce n'est point à des François qu'il faut proposer ce remede effroyable, à nous qui ne nous rappelons qu'avec horreur ces temps désastreux, que nous voudrions pouvoir effacer de notre histoire.

Parce que nous soutenons des guerres étrangeres, qui ne sont justes que quand & parce qu'elles sont quelquefois inévitables pour maintenir les droits, le repos, & le bonheur de l'Etat ; l'Auteur veut nous plonger dans les guerres domestiques, où tous ces biens nous sont ravis. Et qui vous répond du succès de ces guerres, auxquelles vous avez le courage de nous inviter? Le fer & le feu en décideront. La vertu succombe avec Caton, qui se croit obligé de se donner la mort pour ne pas survivre à la République. L'ambition triomphe avec César, la Patrie est asservie sans retour.

Vous insistez. *Il faut acheter la liberté à ce prix*. La liberté est un grand bien, & un grand mot dont on abuse sans cesse; ne la confondez pas avec la licence qui est le tombeau de la liberté légitime. La liberté en quoi consiste-t-elle? A obéir aux lois, à pouvoir faire tout ce qu'elles permettent, à s'interdire tout ce qu'elles défendent. Nul homme ne jouit d'une liberté complete. Ce n'est que par le sacrifice d'une partie de la liberté naturelle, que les Citoyens achetent dans la société la liberté civile, qui garantit leurs personnes & la propriété de leurs biens.

Dans la seconde partie de cet écrit, il y a des détails & des vues excellentes, ainsi que dans la premiere; mais le fond en est impraticable & absurde. L'Auteur nous propose d'abord d'adopter la Constitution Britannique, sans réfléchir que les Anglois les plus instruits s'en plaignent, que ce qui convient à un peuple si opposé à nous par ses préjugés, ses habitudes, son caractere, sa position, ses intérêts, ne sauroit par-là même nous convenir. Mais il ne s'en tient pas là ; il substitue à la Monarchie héréditaire, la plus simple & la plus avantageuse, qui se perpétue par les lois de la nature, qui attache le Prince aux sujets, & les sujets au Prince, qui lui fait regarder l'Etat comme son patrimoine & les Citoyens comme ses enfans ; il lui substitue je ne sais quel pouvoir électif, le plus orageux des gouvernemens ; qui, à chaque vacance, jette l'Etat dans une crise périlleuse (la Pologne est un grand exemple), qui donne au Prince & à la Nation des intérêts opposés, qui avertit, & la famille du Prince, & les agens du Gouvernement, *de dévorer ce regne d'un moment.*

Ce n'est pas encore assez : le fanatisme de la liberté emporte l'Abbé de Mably au delà de toutes les bornes. Le peuple Anglois, que ses partisans appellent *le Peuple-Roi*, lui paroît asservi sous le joug de la prérogative royale ; il la brise, il transfere à la Nation le pouvoir législatif tout entier, le pouvoir judiciaire, & presque tout le pouvoir exécutif. Pouvoit-il ignorer que la Démocratie, au jugement des plus sages publicistes anciens & modernes, est le pire de tous les Gouvernemens, exposé à toutes les convulſions d'une multitude aveugle, capricieuſe, effrénée ? Les Juges commis par le peuple n'ont plus de ſupérieur. Il ne reſte donc plus un rayon d'eſpérance à l'opprimé, à l'innocent condamné. Il ne reſte plus à l'équité, à la foible équité des hommes, ou un frein, ou un contrepoids néceſſaire pour la ſoutenir contre les combats qu'elle a trop ſouvent à livrer. Le Monarque dégradé, que l'Auteur appelle le premier Magiſtrat, n'eſt plus que le Général & le Miniſtre des affaires étrangeres, à la diſcrétion de la multitude : c'eſt à elle que les Chefs des armées prêtent ſerment. Les Anglois, au contraire, ont dépoſé ſagement entre les mains d'un ſeul le pouvoir exécutif, qui, diviſé, ſe choque, s'embarraſſe, & n'en eſt que plus dangereux pour la liberté, pour la ſûreté & le repos de l'Etat, ſuivant d'habiles commentateurs de leur Conſtitution.

La puiſſance exécutive d'un royaume comme la France, qui doit pouvoir en toute occaſion ſe déployer avec la plus grande énergie & au dedans & au dehors, ſans retard, ſans entraves, n'eſt, dans la République de ce nouveau Platon, qu'une ombre de puiſſance précaire, morcelée, anéantie ; incapable d'arrêter aucun déſordre, incapable de ſe ſoutenir elle-même.

Expoſer un pareil ſyſtême à nu & dépouillé de ſes preſtiges, à des hommes éclairés & de ſang froid, à des François attachés à leur Roi & à leur Conſtitution, qui a réſiſté au torrent de tant de ſiecles, aux efforts de tant d'ennemis conjurés ; c'eſt peut-être le réfuter ſuffiſamment, & lui ôter tout ſon venin.

Que les vues de l'Auteur *de l'Eſprit des loix* ſont plus ſages & plus profondes que celles de nos novateurs ! Il nous aſſure qu'il ſera content, s'il a réuſſi à faire aimer à chaque Citoyen ſon Gouvernement, à lui perſuader qu'il eſt le meilleur de tous. S'il ne l'eſt pas toujours dans les calculs d'une théorie incertaine & trompeuſe, il l'eſt aſſurément à l'égard du Peuple qui l'a adopté, pour qui une ancienne habitude eſt devenue une ſeconde nature ; il eſt le plus conforme à ſes beſoins, à ſon caractere, à ſes préjugés. Il a pour lui le plus ſûr des garans, l'expérience & la durée des ſiecles. Rien de plus périlleux au contraire, & ſouvent de plus funeſte, que des innovations bruſques & totales. Jamais le droit, jamais le devoir du Citoyen ne conſiſta à les propoſer, à ébranler, à bouleverſer l'Etat pour les y introduire. Son devoir & ſon droit ſont d'aimer ſa Patrie, d'en reſpecter & d'en obſerver religieuſement

Droits & devoirs du Citoyen.

toutes les loix, de remplir avec zele les fonctions de l'emploi qui lui est confié, de s'opposer avec une sage & inflexible fermeté aux abus comme aux innovations illégales, de consacrer ses talens, ses biens, sa personne, au bien & au salut de la Patrie, d'obéir à ses supérieurs, d'honorer ses égaux, de secourir & de protéger ses inférieurs....; mais nous nous bornons à marquer ici les droits & les devoirs des Citoyens, à la grande époque où nous nous trouvons. En les discutant, nous aurons occasion d'éclaircir ce qui pourroit avoir besoin de développement dans l'analyse succincte que nous venons de tracer. Nous ne nous arrêterons point à l'espece de prophétie des Etats Généraux, prophétie dont la connoissance a pu influer sur l'accomplissement.

Etat actuel des choses.

Le Pere & le Chef auguste d'une immense famille, profondément affligé du malheur de ses enfans, les invite à se rassembler autour de lui, pour concerter avec eux les moyens les plus sûrs & les plus prompts de tarir pour jamais la source de leurs maux, de rétablir ou d'affermir l'ordre dans toutes les parties de l'Administration, de poser les fondemens de la félicité publique sur une base que les passions, que le despotisme ni l'anarchie ne puissent ébranler. Près du trône est un

Homme que la voix publique redemandoit depuis long temps ; moins étonnant encore par son génie que par son austere vertu, son courage inébranlable, son zele désintéressé pour une Patrie adoptive.

Votre droit & votre devoir, François, sont de répondre à l'invitation d'un Roi Citoyen, de vous réunir tous pour le salut commun. Votre désunion vous feroit perdre l'occasion la plus heureuse & la plus décisive que puissent nous offrir les fastes de la Nation. Malheureusement la division, l'effervescence, l'insubordination ont fait parmi nous des progrès alarmans.

Discorde dans l'Etat.

Essayons de montrer qu'il ne peut y avoir de sujet réel de division, & que les motifs les plus pressans concourent à inspirer à tous les Citoyens, à tous les Ordres, à tous les Corps, de se réunir, de se rallier autour du trône, leur centre commun.

Ne recherchons point les causes de cette division. Il en est d'anciennes, il en est de récentes. J'ai vu avec effroi des semences de division entre les différens Ordres, jetées & fécondées par des mains ennemies & corruptrices. J'ai vu avec une douleur profonde la discorde secouant son flambeau sur une Nation douce, généreuse, & sensible, soufflant dans les cœurs la jalousie, la défiance, la vengeance. Des hommes coupables envers le Prince, envers la Nation, se sont efforcés de faire passer les premiers Ordres pour les oppresseurs du Peuple. Ils ont voulu les diviser pour les asservir tous. Ils ont été secondés au delà de leurs vues par une foule d'écrits téméraires; calomnieux, fanatiques, destructifs de toute prérogative, de toute autorité divine & humaine, naturelle & politique, dont le poison brûlant, circulant avec rapidité dans les veines de l'Etat, a embrasé les esprits de la multitude.

Montrons qu'il ne doit point y avoir de combat entre les Ordres; ils sont tous freres, ont tous un intérêt commun, la prospérité publique, le rétablissement de l'ordre, de l'autorité royale, de la liberté nationale, le soulagement du Peuple, sur-tout du Peuple agriculteur, le nourricier de l'Etat, le créateur de sa vraie richesse.

Pas de sujet de division entre les Ordres.

Le Clergé.

Le Clergé, par ses principes, ses relations, ses fonctions, est le refuge, le consolateur, le conseil du pauvre, du malheureux, de toutes les classes de la société. Ce sont les largesses continuelles & abondantes du Clergé séculier & régulier, leurs économies & leurs privations qui vivifient nos campagnes, fournissent du pain & du travail à une foule d'ouvriers, font renaître le calme & l'espérance dans le ſein de tant d'infortunés, connus de Dieu ſeul & de ſes Miniſtres, qui ne prendroient conſeil que de leur déſeſpoir. Les Paſteurs du premier Ordre & leurs dignes coopérateurs, ſecondés par ces Cénobites précieux à la Religion & à l'Etat, dont on a demandé la ſuppreſſion avec tant de chaleur & ſi peu de raiſon, n'ont-ils pas été ſouvent les ſauveurs de la portion la plus miſérable de la ſociété, que le Gouvernement, avec tous ſes efforts, n'auroit pu ſoutenir? Et que veulent dire ces déclamations peu réfléchies contre le Clergé? C'eſt parce qu'il ne ſe marie point, qu'il facilite & qu'il procure le mariage d'une foule de Citoyens, réduits ſans cela à un célibat forcé, funeſte aux mœurs & à la population. C'eſt parce qu'il ne combat point, qu'il entretient au ſervice une partie de cette Nobleſſe qui fait la force de nos légions. C'eſt parce qu'il eſt compoſé de toutes les claſſes, que toutes ont un intérêt commun à ſa conſervation, qu'il porte dans toutes des ſecours, des conſeils, de l'encouragement. Voilà ce que fait continuellement le corps du Clergé dans toutes nos provinces, au fond de nos campagnes: & l'on ne parle que de quelques membres ſcandaleux qui viennent étaler dans la Capitale un faſte révoltant, des mœurs profanes & licencieuſes.

Foudroyés par tous les canons, désavoués par leurs collegues, hélas ! ce sont des hommes qui se sont laissé corrompre par votre société, vos mœurs, vos plaisirs; au lieu de vous ramener à la vertu & à la religion par leurs exemples & par leurs leçons.

Noblesse. L'Ordre de la Noblesse, par l'élévation & la générosité de ses sentimens, n'a-t-il pas été le bienfaiteur & le protecteur de ses vassaux? Le combat, on l'a dit, n'est point entre les Ordres ; il est entre la richesse & la pauvreté (combat qui malheureusement remonte à l'origine des sociétés), entre le luxe, l'insatiable cupidité, & la détresse de l'infortune. Il n'est que trop vrai que des hommes riches & puissans ont abusé de leur crédit pour vexer & pour s'affranchir de la dette sacrée que tous doivent à la patrie commune, proportionnément à leurs facultés. Mais ces hommes ne se trouvent pas moins dans le Tiers-Etat que dans les deux autres. Il est notoire que dans la classe du peuple on compte une foule de privilégiés, sous toute sorte de titres.

Au reste, les priviléges pécuniaires de la Noblesse, si exagérés, à quoi se réduisent-ils réellement? Elle paye, ainsi que le Clergé, tous

tous les droits sur les consommations. Elle est soumise à toutes les impositions, excepté à la taille qu'elle paye par les mains de ses fermiers. Le privilége d'exploiter par elle-même quelques arpens, outre qu'il est modique en soi, un bien petit nombre en fait usage. Otez à de pauvres Gentilshommes, qui souvent ont sacrifié leur patrimoine & versé leur sang pour la patrie, la faculté de se livrer, comme les Patriarches, à l'honorable & vertueuse profession de l'agriculture; l'Etat y gagnera-t-il? ne faudra-t-il pas qu'il pourvoye aux besoins de ses généreux défenseurs? Encore une fois, le grand abus est dans la monstrueuse inégalité des répartitions sur les tributs. C'est à quoi les Etats Généraux s'attacheront à remédier. Ce sera aux Etats Provinciaux à veiller à l'exécution de leurs réglemens, sanctionnés par le Roi, & fondés sur la plus exacte justice.

Le Clergé relativement aux impositions.

Le Clergé, il est vrai, fait un corps de contribuables tout-à-fait séparé des autres; il ne connoît pas une partie de ces charges, que l'invention financiere a su diversifier sous tant de noms & de formes différentes. Souvenons-nous cependant que le Clergé a acheté l'exemption de quelques-unes de ces charges; qu'il a eu le mérite de fournir volontairement des sommes exorbitantes, & encore ſous le regne préſent ; qu'il s'eſt chargé d'une dette énorme pour l'Etat, & que l'Etat a trouvé fréquemment des reſſources ineſpérées dans ſon zele inépuiſable. Il s'eſt maintenu dans les anciens uſages, dans la liberté conſtitutionnelle d'un peuple libre, qui n'étoit impoſé que de ſon conſentement, & proportionnellement aux beſoins de l'Etat qu'on lui faiſoit connoître. Devons-nous lui en faire un crime ? C'eſt lui qui nous en a tranſmis le ſouvenir, & du moins l'image, qui a inſpiré à la Nation le déſir, la juſte & ſalutaire prétention de les revendiquer, au Roi le loyal & généreux aveu qui immortaliſera ſon regne & ſa juſtice bienfaiſante. Sans le Clergé, il n'en reſtoit pas même de traces. La poſition du Clergé n'eſt point changée. Il ſe félicitera de la partager avec les autres Ordres, diſons la vérité tout entiere, il recouvrera le plein exercice de cette liberté, dont à peine avoit-il pu conſerver l'ombre & le nom. Cette liberté commune à tous les Citoyens emporte néceſſairement l'obligation également commune, de porter, ſelon leurs forces reſpectives, les charges de l'Etat, ſans diſtinction d'Ordres, de corps, de priviléges, de capitulations, quelles qu'elles puiſſent être. La qualité de Citoyen, la premiere de toutes,

Egalité de contributions pour tous.

laiſſe ſubſiſter toutes ces diſtinctions qui caractériſent les Ordres, les corps, les provinces ; mais fait diſparoître tout ce qui pourroit s'oppoſer à cette égalité de contributions, que le droit naturel & que la loi fondamentale de la ſociété exigent impérieuſement, avant tout privilége, tout droit quelconque.

Le vœu unanime de tous a rendu hommage à ce principe d'équité naturelle & ſociale. Dès lors a dû tomber la barriere qui diviſoit les Ordres : Dès lors toutes les ſources de défiance taries, il n'y a plus lieu de ſe tenir en garde les uns contre les autres. Mais avant que les Ordres euſſent pu s'aſſembler & proclamer le vœu de leur cœur, les étincelles de diſcorde, ſemées dans le royaume, avoient embraſé la plupart des eſprits, & ont amené un nouvel ordre de choſes.

Nombre double de Députés pour le Tiers.

Il étoit plus régulier & plus conſtitutionnel de convoquer les trois Ordres (1) comme

(1) Deux ſuites de la forme de convocation du Clergé ; l'une, c'eſt qu'il pourroit abſolument n'y avoir point d'Evêques ; l'autre, qu'il doit néceſſairement y avoir une claſſe inférieure, qui prédomine. Or dans l'Ordre hiérarchique, les Evêques, par l'inſtitution divine, ſont les Chefs, les Modérateurs, les Oracles des Egliſes. Toute aſſemblée du Clergé, ſans Evêques, eſt incomplete, acéphale. Et dans l'Ordre civil, l'Evêque eſt l'homme du Dioceſe ou de la province ; le Curé eſt l'homme de ſa Paroiſſe.

ils ont été convoqués depuis plusieurs siecles sans réclamation, en nombre égal, jusquà ce que la Nation assemblée, qui seule en a le droit, eût voté une forme nouvelle.

Je n'ai garde cependant de blâmer la prudente condescendance du Gouvernement, qui a cru ne pouvoir refuser aux réclamations des provinces, quoique séparées, un changement qu'elles jugeoient nécessaire pour assurer & cimenter leurs droits. Comme j'aurois dit au peuple : Vous n'avez rien à craindre, en quelque nombre que vous soyez, pourvu qu'il soit suffisant pour connoître tous vos griefs, tous vos besoins, pour faire entendre & soutenir vos justes représentations, & écarter le danger de la séduction : la Constitution vous met à couvert de tout danger, les Etats Généraux du quatorzieme siecle, l'usage invariable de ces Assemblées, l'Ordonnance d'Orléans, tout établit cette vérité incontestable, que vos dons doivent être libres, & que les autres Ordres n'ont aucun titre pour trancher, pour délibérer même sur vos intérêts. Je dirai de même à présent aux deux premiers Ordres : Voyez sans crainte & sans ombrage qu'on ait accordé à vos freres une satisfaction qui a paru nécessaire pour les tranquilliser. Ils ne peuvent en user que pour défendre des droits que vous ne voulez pas attaquer. Ils ne sauroient en abuser pour ébranler les vôtres, que la constitution vous garantit. Le Tiers-Etat penseroit-il à attaquer vos droits essentiels, vos prérogatives seigneuriales, honorifiques, personnelles, qui sont des propriétés inattaquables, qui sont pour la Nation entiere un rempart contre les entreprises du pouvoir arbitraire & oppresseur des Ministres?

Distinctions essentielles des deux premiers Ordres.

La Religion avec l'épée & les loix a jeté & affermis les fondemens de la Monarchie Françoise. Les prérogatives de ses Ministres, qui remontent au premier âge du Gouvernement, se confondent avec la Constitution & le respect dû à la religion. Les distinctions de la Noblesse ont toujours été regardées comme tenant à l'essence de la Monarchie. Pourroient-elles humilier le Tiers, invité à conquérir ces prix d'honneur, le seul salaire digne de nos anciens Chevaliers, & de ceux qui sont dignes de marcher sur leurs traces? Mais loin d'ici toute distinction ignoble, toute distinction pécuniaire, proscrite également & par l'équité naturelle, & par la générosité de sentimens qui doivent animer & distinguer ces deux premiers Ordres.

Priviléges pécuniaires abolis.

Donnons ici quelques éclaircissemens qui

mettront dans tout leur jour, & l'obligation, commune à tous, de porter également, selon leurs facultés, les charges indispensables de l'Etat, & le droit, aussi commun à tous, d'y concourir avec la plus grande liberté. Rendons hommage à la générosité vraiment patriotique des premiers Ordres qui ont renoncé presque unanimement à tous les priviléges pécuniaires. Quant à ceux qui prétendroient conserver ces priviléges, ou qui paroîtroient les regretter, tâchons de leur montrer qu'ils ne s'entendent pas eux-mêmes, & que leurs prétentions n'ont plus d'objet.

Qu'entendez-vous par ces priviléges? Sans doute la faculté que vous prétendez avoir exclusivement de n'être point assujettis à certaines impositions. Mais le Roi ayant reconnu avec une magnanimité qui fera époque dans les fastes de la Monarchie, que le droit de propriété de tous les François est sacré, & que la Nation ne peut être soumise à aucune imposition sans son consentement ; il s'ensuit évidemment que toutes les impositions dont le peuple est grevé, sont nulles & illégales, soit dans leur origine ou dans leur extension arbitraire, jusqu'à ce qu'il les ait validées par son consentement libre. Que deviennent donc alors vos priviléges, vos exemptions d'impoſitions qui ne ſubſiſtent plus ? Mais ne regrettez-point ces priviléges qu'on pouvoit diſcuter, qu'on pouvoit vous conteſter, qui étoient un ſujet éternel de jalouſie & de diviſion. A leur place, vous avez avec tous vos concitoyens le droit inconteſtable & impreſcriptible de ne pouvoir être ſoumis à aucune impoſition, ſans votre aveu.

Faut-il conclure de là que vous pouvez refuſer à l'Etat toute ſorte de contributions ? Non, certainement; la ſociété qui vous a reçus dans ſon ſein, qui vous communique, qui vous garantit tout les avantages dont vous jouiſſez, votre ſûreté, votre repos, votre honneur, tous vos biens; elle a des charges à ſoutenir, des dépenſes inévitables pour le bien commun de tous, pour la dignité même de leur auguſte Chef. Il eſt par conſéquent de la juſtice la plus étroite & de l'intérêt général de tous, que chacun de ſes membres contribue à ces charges proportionnément à ſes facultés. Peut-il exiſter un privilége contre une obligation fondée ſur les premiers principes de la ſociété, du droit naturel, du bonheur général, qui renferme celui de tous les particuliers ? Jugez, après cela, ſi vous pouvez prétendre à des priviléges qui vous diſpenſeroient de fournir à la ſociété ce qui lui eſt néceſſaire pour la conſervation même de votre fortune, de votre perſonne, de tous vos droits : qu'il vous ſuffiſé de ne pouvoir être impoſés que de votre aveu & de votre conſentement libre, & cependant juſte & indiſpenſable. Concluons que du refus auſſi peu noble que fondé, que feroient des particuliers de ſacrifier leurs privi-léges pécuniaires, il ne peut réſulter, ni aucun avantage pour eux, ni aucun préjudice pour le reſte de la Nation

Nous ne parlons plus des priviléges pécuniaires. Mais le Clergé, par ſon généreux ſacrifice, n'ayant pu dénaturer ſes poſſeſſions, ni intervertir leur deſtination, il eſt eſſentiel d'obſerver, pour répartir les impoſitions ſur les biens eccléſiaſtiques dans une proportion fondée ſur l'équité & ſur l'intérêt même de l'Etat, que ces biens, par leur nature & leur fondation, ſont grevés, à la décharge de l'Etat, de trois charges ſacrées & impreſcriptibles, l'entretien du culte divin & de ſes miniſtres, & le ſoulagement des pauvres ; indépendamment de la dette effrayante que le premier Ordre a contractée volontairement pour l'Etat, & qui équivaut à une impoſition anticipée.

Le Peuple, outre l'égalité dans les impoſitions, a fait deux demandes également juſtes : que la porte des honneurs & des emplois, quels qu'ils puissent être, fût ouverte à tous les Citoyens, & qu'on ôtât des peines & des supplices toute distinction entre tous les Ordres.

Point d'exclusion pour le Tiers.

Il y a long temps qu'on a relevé l'excellence de la Constitution françoise, en ce qu'aucun des Citoyens, même de la plus basse extraction, n'est exclus d'aucun des emplois & des honneurs de l'Etat. J'ai prouvé ailleurs que tel a été l'esprit & l'usage de la Monarchie françoise, à remonter à son berceau. Cette exclusion odieuse feroit manifestement injuste & fatale à l'Etat. Faut-il donc éteindre l'émulation qui doit enflammer tous les membres de ce vaste Empire, & qui plus d'une fois a enfanté de grands Hommes, dans le Peuple comme dans la Noblesse ; les défenseurs, les restaurateurs, les ornemens & les lumieres de la Patrie ? Faut-il inviter cet Ordre illustre à s'endormir dans une lâche indolence, à l'ombre des lauriers de fes ancêtres, sûr qu'il n'a point à craindre de rivaux, & que le hasard de la naissance a tout fait pour lui ?

N'est-ce donc pas aux talens éminens, aux vertus sublimes qu'appartiennent les premieres places & les honneurs les plus distingués ? L'Auteur de la nature, aussi indépendant que magnifique dans ses dons, ne les a point circonscrits dans le cercle étroit qu'ont tracé la vanité & la politique ; ſans égard ni aux titres, ni aux aïeux, il les diſtribue par-tout où il lui plaît. A mérite égal, cependant, la préférence eſt due à la Nobleſſe. Un nom antique, conſacré par des vertus & par des exploits, imprime le reſpect au Peuple, quand il n'eſt pas terni par celui qui le porte. Un ſang pur & noble qui coule depuis des ſiecles dans les veines des Gentilshommes françois, les exemples des peres, une éducation diſtinguée font préſumer la délicateſſe & la hauteur des ſentimens. Honorons les deſcendans d'un pere illuſtre, quand ils s'honorent eux-mêmes en l'égalant ; mais pour ceux qui traîneroient un grand nom dans la fange du vice & des voluptés, l'éclat de leurs aïeux ne fait qu'éclairer leur ignominie. La Patrie méconnoît de faux Nobles qui ſe dégradent eux-mêmes, & que leurs Auteurs déſavouent ; elle leur ſubſtitue des hommes nouveaux, que leurs ſentimens & leurs ſervices ont anoblis, & qui fondent ſur les ruines de ces races dégénérées, la gloire de leur nom & de leurs deſcendans dignes de le porter. Non, ſans doute, on ne peut conteſter le droit de ſe préſenter pour remplir les premieres places de l'Etat, à un Citoyen, ou même à un Etranger du dernier Ordre, que la Providence nous envoie, lorſqu'il a déployé une grande ame, des lumieres ſupérieures, une probité incorruptible, un zele au deſſus des obſtacles & des périls. De combien d'hommes précieux ne ſerions-nous pas privés, à qui nos villes, nos campagnes, les premiers Ordres eux-mémes ont dû leur tranquillité, leur bien-être, leur ſûreté, l'Etat tout entier, ſon ſalut & ſa gloire !

Egalite dans les punitions pour les trois Ordres.

L'inégalité dans les peines & les ſupplices pour les différens Ordres, eſt un abus contre lequel le Tiers eſt également fondé à s'élever, & que les premiers Ordres doivent proſcrire avec le même zele. Y a-t-il donc quelque différence réelle entre les ſcélérats & les criminels des trois Ordres, pour que les uns ſoient avilis & les autres honorés juſques dans leurs ſupplices ? S'il y a quelque différence, c'eſt que des hommes élevés au deſſus des autres par l'illuſtration de leur nom & par les vertus de leurs peres, par l'auguſte majeſté de leur miniſtere, ſont & plus coupables & plus vils, quand ils ne rougiſſent pas de deſcendre juſqu'à la baſſeſſe & l'atrocité des forfaits.

Les premiers Ordres pourroient-ils ſentir quelque intérêt pour des hommes qu'ils renoncent & qu'ils repouſſent avec horreur de leur ſein ? Déſerteurs de l'honneur, de la nature, de la religion, ils ne tiennent plus à l'Etat, ils ne tiennent plus à aucun Ordre, ils ont rompu tous les liens. Ce sont des monstres, des fléaux de la société, dont il est nécessaire de la purger. Que me parlez-vous de distinctions, d'honneurs pour celui qui a abjuré les saintes lois de l'honneur? Retranchons ces tourmens barbares qui font gémir l'humanité, & qui nous intéressent à des hommes, pour qui nous ne devons éprouver que de l'horreur; mais que l'opprobre & l'ignominie soient toujours le premier supplice de l'ame lâche & dépravée.

Législateurs inconsidérés, qui ont cru avilir une famille Plébéïenne, consternée d'avoir donné le jour à un scélérat, qui n'avoit trouvé dans son sein que des leçons & des exemples de vertus, & qui ont négligé d'employer le frein le plus puissant, pour arrêter & punir les Nobles, la perspective de l'infamie! Mais, en dépit de toutes les lois, l'opprobre sera toujours la punition inévitable de l'ame lâche & corrompue, & tous les prix de l'honneur sont l'apanage assuré de l'irréprochable vertu; quels que puissent être les désordres de proches indignes d'elle, qu'elle renie & qu'elle abhorre, quels que puissent être les préjugés de l'aveugle & injuste vulgaire.

Voilà donc ce que le Peuple a droit de demander, & ce que la Nation doit recevoir avec acclamation : l'égalité dans les charges de l'Etat pour tous les Citoyens ; égalité dans les punitions pour ceux qui ſont également coupables ; droit commun à tous d'aſpirer aux places & aux honneurs, qui ſont le lot des talens & des vertus par-tout où ils ſe trouvent. La loi de la natute & les lois de la Conſtitution en ſont les garans. Que le Peuple ſatisfait s'arrête là ; mais le Peuple ſait-il s'arrêter ? Qu'il ſe ſouvienne qu'on lui a proviſoirement accordé une double repréſentation, pour aſſurer encore plus, s'il étoit poſſible, ſon indépendance & ſes droits ; & non point pour attenter à ceux des autres Ordres, pour les forcer d'opiner avec lui, pour changer la Conſtitution ſuivant ſes caprices.

Délibération par Ordre ou par tête.

C'eſt aux Etats Généraux à en décider.

Je dirai à nos Anglomanes : Les Communes d'Angleterre ont-elles jamais prétendu obliger la Chambre Haute de venir délibérer avec elle pour l'écraſer par leur maſſe ? Cependant nos premiers Ordres ſont bien plus antiques & plus conſtitutionnels que la Chambre Haute. Leur origine ſe confond avec celle de la Monarchie ; on les voit toujours, dans nos Aſſemblées politiques, diſtingués, & pour l'ordinaire ſéparés de l'Ordre du Peuple.

Il eſt important pour la liberté générale & pour le repos public, que l'équilibre ſe maintienne entre les Ordres, & qu'aucun ne domine. Le Tiers dira-t-il que c'eſt pour maintenir l'équilibre, qu'il a demandé que ſes Députés égalaſſent en nombre les Députés des deux autres Ordres, & délibéraſſent en commun avec eux? Mais pour cela il faudroit ſuppoſer ces deux Ordres unis d'intérêt contre le Tiers: ce qui ne peut être, depuis qu'ils ont abandonné tous les priviléges qui lui faiſoient ombrage; ce qui n'eſt point, parce que les premiers Ordres, n'ayant pas toujours les mêmes principes ni les mêmes vues, ne ſont rien moins qu'indiſſolublement unis; parce que le Clergé, tiré en grande partie du Tiers, tend plutôt à s'en rapprocher dans les délibérations; parce qu'enfin les droits de liberté & de propriété du Tiers étant de leur nature impreſcriptibles & inattaquables, les autres Ordres, bien que réunis, n'ont point de force contre lui.

Les trois Ordres ont délibéré enſemble, objecte-t-on: cela eſt arrivé quelquefois, j'en conviens, mais quand? Lorſqu'ils y ont conſenti; ici le Tiers veut les y forcer. L'ancienne délibération par Ordre ne peut être changée que par le concours des trois Ordres, par leur vœu diſtinct, & par l'approbation du Roi, nous dit le Miniſtre lui-même. Exiger impérieusement la réunion des Ordres, c'est l'éloigner infailliblement; la réunion & la confiance ne se commandent point. Qu'a produit l'arrêté inconstitutionnel & peu réfléchi du Dauphiné, qui prescrit à ses Députés de protester & de se retirer, si l'on opine autrement que par tête? Des arrêtés contradictoires, également inconstitutionnels, qui enjoignent aux Députés de protester & de se retirer, si l'on opine autrement que par Ordre.

C'est aux Représentans de la Nation, c'est aux trois Ordres assemblés chacun dans sa chambre, & à eux seuls à décider de quelle maniere ils opineront, par Ordre ou par tête, par Bailliage ou autrement, comme cela s'est pratiqué constamment dans nos Etats Généraux. Des usages antiques, & qui tiennent à la Constitution, ne peuvent être changés que par le vœu unanime de la Nation. Il n'appartient à aucune Province, à aucun Ordre isolé de statuer sur un objet qui touche la Nation entiere. C'est de la réunion des suffrages des provinces & des Ordres, c'est-à-dire, du vœu de la Nation, que doivent émaner les réglemens qui déterminent l'organisation & les opérations des Etats Généraux. Il seroit monstrueux qu'un Corps, qu'une Province prétendît faire la loi à la Nation: ce seroit attaquer les Etats Généraux dans leur essence, les rendre vains & illusoires. Toute assemblée particuliere peut & doit proposer ses vues, faire *ses doléances* sur les objets qui l'intéressent spécialement, sur ceux encore qui regardent l'universalité de la Monarchie : elle doit confier à ses Députés des pouvoirs généraux & suffisans, de concourir, avec l'Assemblée générale, à statuer définitivement; voilà son droit & son devoir. Mais la décision suprême sur toutes les questions & sur la maniere de la donner; voilà le droit essentiel & exclusif de l'Assemblée générale. Toute limitation, toute restriction prohibitive dans les pouvoirs, avec injonction aux Députés de se retirer de l'Assemblée générale, & de protester si elle n'adopte pas le vœu d'une Assemblée partielle, est nulle par elle-même, & attentatoire à l'autorité souveraine de la Nation : autrement les décisions isolées, & par conséquent souvent contradictoires de la part des Provinces & des Ordres, n'engendreroient que trouble & confusion, frapperoient les Etats Généraux d'une paralysie mortelle.

Pouvoirs opposés & prohibitifs des Députés, illégaux.

Il suit de là une vérité importante & consolante pour les bons citoyens qui craignent que le choc de ces pouvoirs limités, prohibitifs & contradictoires des Assemblées partielles, avec injonction de se séparer de l'Assemblée

ſemblée générale, & de proteſter, n'embarraſſe & n'arrête la marche des Etats Généraux. C'eſt que les Députés porteurs de pareils mandats, non ſeulement ne ſont pas obligés d'y adhérer, mais ſont tenus expreſſément de reſter dans l'Aſſemblée, de délibérer avec elle, & de ſouſcrire au vœu général & permanent, qui eſt le réſultat de la majorité des ſuffrages. Outre que ces mandats ſont directement contraires à l'eſprit & aux termes des lettres de convocation, qui enjoignent d'envoyer des Députés munis de *pouvoirs généraux & ſuffiſans pour remontrer, aviſer & conſentir*, &c. avec les Etats Généraux ; ils le ſont au but de cette convocation tant déſirée, lequel n'eſt autre manifeſtement que de réunir les lumieres & les volontés de la Nation, pour découvrir & appliquer le remede aux maux de l'Etat ; ils le ſont aux droits eſſentiels de la Nation aſſemblée, qui ſeule a la puiſſance déciſive & ſouveraine.

Ce qui prouve d'une maniere palpable ce que je dis des porteurs de pareils pouvoirs ; c'eſt que ſi l'Aſſemblée qui les a donnés, aſſiſtoit elle-même tout entiere à l'Aſſemblée de la Nation, elle ſeroit tenue de délibérer avec elle, & de ſe ſoumettre à la pluralité des ſuffrages. On ne prétendra pas ſans doute que les mandataires aient plus de force contre la Nation, que les commettans eux-mêmes. Et dans toute aſſemblée légalement convoquée, le vœu du grand nombre eſt cenſé le vœu de tous, & fait la loi même des diſſidens. Autrement les aſſemblées d'un grand royaume feroient la choſe du monde la plus inutile, ſi, pour valider leurs déciſions, l'unanimité qui feroit un prodige, étoit jugée néceſſaire. Le *veto* d'un ſeul n'a la force d'arrêter les réſolutions de l'Aſſemblée Nationale qu'en Pologne; & le *veto* a fait les malheurs de la Pologne. En deux mots, tout Député aux Etats Généraux eſt obligé de ſe conformer à ſes inſtructions en tout ce qu'elles ont de légal & de conſtitutionnel; d'expoſer le vœu de ſes commettans & de le ſoutenir de ſon mieux. Mais quant à l'ordre qu'il auroit reçu de faire ſciſſion avec l'Aſſemblée Nationale, & de s'oppoſer ſous quelque prétexte que ce ſoit, à ſa déciſion : comme il feroit illégal, anti-conſtitutionel, par conſéquent nul, & une eſpece de crime de leze-Nation; il ne peut ni le lier, ni mettre obſtacle aux réſolutions de l'Aſſemblée. Je n'ai pas beſoin d'obſerver qu'on ne peut excepter ici qu'un ſeul cas qui ne ſauroit ſe préſumer, celui de corruption, de prévarication manifeſte du grand nombre des Députés, qui alors ſeroient déſavoués par la Nation, comme traîtres & parjures.

Revenons à la forme de délibération par Ordre ou par tête.

S'il eſt vrai, comme l'enſeignent unanimement nos plus habiles publiciſtes, que la diſtinction des Ordres eſt un des caracteres eſſentiels & des élémens de la Monarchie; il s'enſuit que leur confuſion dans leurs fonctions les plus éclatantes & les plus importantes aux Etats Généraux & Provinciaux, érigée en loi conſtitutionnelle, ſuivant le vœu des partiſans outrés du Tiers, préparant viſiblement leur extinction ou leur dégradation, doit nous conduire inſenſiblement à la Démocratie. Et quelle démocratie dont la tête ſeroit un Monarque: Monſtre politique, qui ne peut pas vivre! Ou la multitude, déſormais ſans contrepoids, dans ſa fougue impétueuſe entraîneroit le trône, dégarni de ſes barrieres; ou le trône, ſans ceſſe menacé, aſſerviroit la multitude qui auroit perdu ſes défenſeurs, les corps intermédiaires entre elle & le trône.

Au contraire, la liberté des trois Ordres

pour se réunir ou pour rester séparés, qui ne change rien, qui ne détruit rien, permet de saisir, selon les différentes circonstances, les avantages qui résultent des diverses manieres d'opiner. D'abord, il est des objets qui n'intéressent qu'un seul Ordre, & sur lesquels par conséquent il n'y a pas lieu de prendre les avis des trois Ordres. Est il pressant de décider un point qui les intéresse tous également ? s'ils trouvent quelque difficulté à s'accorder, c'est le cas de recourir à l'Assemblée des trois Ordres réunis. Mais en général, pour toutes les propositions qui tendent à introduire quelque innovation dans le Gouvernement, rien de plus dangereux que la précipitation. L'éloquence bouillante d'un Orateur enthousiaste peut entraîner une Assemblée tumultueuse, où les réclamations des Sages sont étouffées par les cris de la multitude. Rien de plus salutaire alors qu'une circonspecte & lente maturité, que la différence des vues, des principes, des préjugés même, qui peuvent régner dans les différens Ordres; pour envisager sous toutes les faces, des motions souvent aussi pernicieuses que séduisantes, pour arrêter une marche trop rapide, & mettre un frein à la légereté de la Nation.

L'hiſtoire nous offre trop d'exemples de ces délibérations des Communes, fatales à la République, chez les peuples les plus illuſtres de l'antiquité. Voit-on les deux Chambres d'Angleterre ſe raſſembler ? Les Anglois ſe ſont-ils plaints des ſuites funeſtes qu'on veut nous faire appréhender de la ſéparation des Ordres? Et quelle différence frappante entre la Chambre Haute des Pairs & des Evêques, & nos deux premiers Ordres ? La premiere n'eſt compoſée que des membres nommés arbitrairement par le Roi. Les ſeconds, élus librement, ſont véritablement les Repréſentans de la Nobleſſe & du Clergé du Royaume.

Quelle eſt l'ambition permiſe, louable même dans chaque Ordre, quel eſt ſon droit & ſon devoir? De conſerver, ſans atteinte, ſa liberté & ſon indépendance. Elle leur eſt aſſurée par la Conſtitution, tant qu'ils ſont ſéparés. Réunis, la minorité d'un Ordre, jointe à la majorité des autres Ordres, l'emportera. Qu'on craigne, en s'obſtinant à exiger la délibération par tête, de paroître n'avoir en vue que de ſubjuguer par le nombre, la prépondérance, l'intrigue. On riſque de perdre ſa liberté en voulant captiver celle des autres. Qu'on ne diſe plus qu'on prétend aſſurer par la réunion l'établiſſement de lois importantes & patriotiques. Tout ce qui procure un avantage ſolide & commun pour tous, après avoir été mûrement diſcuté, quelquefois contredit, finira néceſſairement par réunir les ſuffrages des trois Ordres. Mais ce qui n'a que l'apparence trompeuſe du bien, ce qui, ſous l'appât dangereux de liberté, renverſeroit les principes de notre Conſtitution, ſéduiroit facilement une multitude tumultuaire, échauffée par un déclamateur fanatique. Eh! ne vaut-il pas mieux courir les riſques d'attendre quelque temps une bonne loi, que de ſe hâter d'en recevoir de funeſtes?

Vérification des pouvoirs. Nous ne pouvons paſſer ſous ſilence la vérification des pouvoirs des Députés aux Etats Généraux, dont on a tant éxagéré l'importance. Ou ils ont été donnés par l'Aſſemblée particuliere des trois Ordres réunis, ou par l'aſſemblée de chaque Ordre iſolé. Les premiers doivent ſans contredit être vérifiés par les trois Ordres; mais chaque Ordre eſt en poſſeſſion de vérifier les autres qui ne ſont émanés que de ſes membres. Qui oſera le troubler dans cette poſſeſſion? Les Etats Généraux, c'eſt-à-dire, le vœu des trois Ordres, peut ſeul introduire légitimement des changemens dans les formes de l'Aſſemblée générale. Chaque Corps ; chaque Ordre eſt le juge naturel & compétent des difficultés qui s'élevent ſur ſes membres & ſur la forme des élections. Chaque Ordre eſt par la Conſtitution indépendant des autres ; ce qui ne ſeroit point, s'il étoit obligé de ſoumettre à leur déciſion la validité des élections. Aucun Ordre ne peut ſe plaindre : l'avantage eſt égal pour tous. Les Etats Généraux, dites-vous, ont interêt à ce qu'il n'y ait que de légitimes repréſentans de la Nation. Sans doute ; & chaque Ordre a le même intérêt plus direct & plus ſenſible pour ſes propres Repréſentans. Il eſt un juge non ſuſpect, & plus en état de prononcer ſur ſes pairs que des étrangers. On ménage un temps infiniment précieux, on coupe la racine d'une foule de conteſtations. Ce n'eſt que quand l'Ordre ſeroit partagé ſur quelque queſtion, qu'il conféreroit avec les autres, & les appelleroit pour juger avec lui. Mais alors même il dépend toujours des Ordres de délibérer ſéparément ou réunis, par les raiſons ſi ſouvent expoſées ; & dans le cas où ils ne pourroient ſe concilier, la déciſion eſt dévolue au Roi, le chef de chaque Ordre, comme cela s'eſt pratiqué conſtamment. Il faut néceſſairement qu'il y ait un rribunal ſouverain, pour finir toutes les conteſtations. Il ne peut y en avoir d'autre ici que celui du Monarque même, en qui réſide la ſource du pouvoir judiciaire.

Il ſemble que nous pourrions, à l'exemple des Anglois, attribuer la faculté de propoſer les ſubſides au Tiers excluſivement, ſur qui peſent principalement les charges de l'Etat, & qui ne peut avoir, comme les autres Ordres, d'intérêt à groſſir les tréſors du fiſc, dans l'eſpérance de les partager. Je ne fais que propoſer: c'eſt à la Nation ſeule aſſemblée à décider toutes les queſtions, à fixer ſon organiſation, à déterminer les époque de ſes Aſſemblées, & la compoſition la plus égale, la plus avantageuſe des Etats provinciaux. Les Etats Provinciaux, mandataires des Etats Généraux, animés de leur eſprit, les ſuppléeront en quelque ſorte dans l'intervalle des Aſſemblées de la Nation, rendront aux provinces ſéparément, des ſervices preſque auſſi importans, que les Etats Généraux à l'univerſalité du Royaume; jamais en accordant de ſubſides, ce qui ne peut appartenir qu'aux Etats Généraux, qui ſeuls embraſſent l'enſemble des beſoins, des forces, des reſſources du royaume & de chaque province reſpectivement; mais en les répartiſſant, en les percevant, en dirigeant ou ſurveillant leur emploi. De tels Etats particuliers, l'ouvrage de la Nation, approuvés par le Roi, renfermeront ſans doute les élémens les mieux combinés, les plus ſimples, & les plus légaux des Aſſemblées générales ; préviendront, pour leur convocation, ou décideront une foule de difficultés, de débats, de prétentions contradictoires, de proteſtations ſans ceſſe renaiſſantes.

Conſtitution.

C'eſt principalement quand on propoſera des innovations à la Conſtitution, que la ſage lenteur, que la différence des vues des trois Ordres nous ſera ſalutaire. *Il faut créer une Conſtitution. Nous n'avons point encore de Conſtitution.* C'eſt le refrein éternel de nos novateurs, de nos coteries, de nos maîtres dans l'art de régner, ſi multipliés dans toutes les claſſes des citoyens ; juſques dans ce ſexe aimable & frivole, à qui il eſt plus facile de régler les finances & le gouvernement du Royaume, que la dépenſe de ſa parure & de ſa maiſon.

En avons-nous une ?

Mais eſt-il donc bien vrai que nous n'avons point de Conſtitution ? Quoi ! la Monarchie la plus ancienne & la plus floriſſante, qui depuis ſi long-temps a fixé les regards, mérité l'admiration & l'envie de l'Europe, auroit manqué jusqu'ici de constitution ! Nous n'avions pas de Constitution il y a dix siecles sous Charlemagne; lorsque le gouvernement étoit si ferme & si tranquille au dedans, si vigoureux & si redouté au dehors, l'autorité du Monarque si absolue, les droits du peuple si respectés ; lorsque les lois régnoient sur le Monarque & sur les sujets !

Sous Charlemagne & ses successeur.

Les foibles successeurs de Charlemagne la laisserent insensiblement s'altérer & se dégrader, jusqu'à ce que l'anarchie féodale sembla l'anéantir pour toujours. Louis le Gros, ou plutôt l'abbé Suger travailla en homme de génie à la reconstruire. Il en traça le plan, en creusa les fondemens, en posa du moins les premieres pierres. St. Louis avança ce grand ouvrage. La convocation du Tiers aux Etats Généraux sous Philippe le Bel, fut un pas de géant vers la liberté nationale. Les efforts presque continus de ses successeurs, aidés de leurs fideles Communes & du zele éclairé des Magistrats, parvinrent enfin à rendre à l'autorité royale & aux peuples leurs droits les plus précieux. Ils sont reconnus & exercés dans les assemblées solennelles des trois Ordres de la Nation. La rédaction des coutumes, bien que fort imparfaite, fait honneur à la ſageſſe bienfaiſante de Charles VII qui en conçut l'idée, & de ſes ſucceſſeurs qui la réaliſerent. La Conſtitution, quoiqu'inébranlable dans ſes fondemens, s'eſt reſſentie néceſſairement des diverſes fortunes de l'Etat, des agitations des peuples, du caractere des Rois & des Miniſtres, des troubles, de la licence, des déſaſtres, des guerres preſque continuelles. Tantôt la foibleſſe, tantôt le deſpotiſme du gouvernement le firent pencher vers les deux extrêmes. Tantôt la magiſtrature s'arrogea des pouvoirs qui ne lui appartenoient point, & qu'elle a déſavoués généreuſement : tantôt elle fut dépouillée de ſes droits les plus légitimes, qu'un Roi juſte veut lui reſtituer. L'immortel L'Hopital ſut faire parler les lois dans les temps d'orage & de convulſion, rendre d'après les vœux de la Nation, les Ordonnances les plus ſalutaires, lorſque les François ſembloient déſeſpérer de la Patrie. D'Agueſſeau, digne de s'aſſeoir après ce grand homme ſur le premier ſiége de la juſtice, quoique ſi riche de ſon propre fonds, donna à ſes ſucceſſeurs l'exemple de prendre les avis & les ſuffrages de toutes les Cours, pour commencer la confection d'un nouveau code. Sous Henri IV

& Sully, la France, respirant enfin de l'horreur des guerres civiles, commençoit à se régénérer, lorsqu'un monstre que vomit l'enfer ..... sous Louis XIII & Richelieu, les tyrans du peuple & les rivaux de l'autorité monarchique, abattus par le despotisme, ne furent plus que les premiers sujets, on dira peut-être, que des esclaves décorés. Sous Louis XIV, en même temps que naît un nouvel ordre de choses, les lois & les armes, les arts & les lettres, une foule de grands hommes dans tous les genres, animés de l'ame d'un grand roi, marquent à la France le premier rang parmi les Puissances de l'Europe. Son roi impose son nom à ce beau siecle, placé entre les siecles d'Alexandre & d'Auguste. Que manqueroit-il à sa gloire, si à l'ambition des conquêtes, du faste, & du pouvoir arbitraire, il eût su préférer de régner par les lois & par l'amour sur un peuple libre, heureux & soumis? Il a été assez grand poûr en faire lui-même l'aveu dans ces momens où s'évanouissent, comme de vains fantômes, les illusions de la flatterie & du pouvoir suprême; où la lumiere pure de la vérité éclaire le Monarque comme le dernier de ses sujets.

La Constitution sans doute n'a point marché à la perfection du même pas que les sciences

& les arts : dégradée dans plusieurs de ses parties, elle attend le concert de mains sages & habiles, pour reparoître telle qu'elle se montra sous un regne unique. Il ne s'agit donc pas de créer une Constitution (nous en avions une excellente, nous en avons encore une); mais de la recueillir, de la rédiger, de la constater, d'en former un code national & fondamental, qui sera revêtu du consentement de l'Assemblée générale, & de la sanction royale. D'après le conseil & le vœu de la Nation, le Roi y ajoutera les lois qui seront jugées nécessaires pour en maintenir l'intégrité & la durée. Ce code national sera suivi, selon le vœu des lettres de convocation, d'un code de lois d'administration pour toutes les parties du gouvernement, approuvé de même par les représentans de la Nation, & sanctionné par le Roi. Ces lois seront véritablement des lois *perpétuelles & irrévocables*, de maniere qu'elles ne subissent jamais de changemens & de modifications, que sur la demande des États Généraux. Et l'on cessera d'honorer dérisoirement du nom de perpétuelles & irrévocables, des dispositions versatiles, dont chaque ministre, odieux & souvent imbécille despote, se jouoit à son gré.

Conservons précieusement ce qui reste de

notre Conſtitution. Réparons-en les breches, dégageons-la de l'alliage qu'y a mêlé la rouille du temps & des paſſions. Raffermiſſons-la ſur ſes antiques fondemens avec l'autorité royale & la liberté nationale, qui, bien entendues, loin de ſe nuire, s'entr'aident & ſe fortifient mutuellement. Jamais la Nation ne jouira d'une liberté durable & ſalutaire, ſi l'on ébranle l'autorité du Monarque; & la liberté de la Nation ſera toujours le rempart de l'autorité du Monarque. Nous en ſentons plus que jamais la néceſſité.

Hiſtoire & tableau de la Conſtitution Françoiſe.

La Conſtitution Françoiſe, ébauchée dans les forêts de la Germanie, où l'œil perçant de Monteſquieu l'a démêlée, accrue & polie par les mœurs & les inſtitutions romaines & gauloiſes, s'eſt développée dans toute ſa force & tout ſon éclat ſous ce regne, que je ne ceſſerai de citer, ſous Charlemagne : c'eſt là qu'il faut la contempler, pour la voir dans toute ſa pureté. Le génie & la ſageſſe de cet Homme extraordinaire pouvoient ſeuls l'y maintenir. Depuis, énervée, altérée, preſque méconnoiſſable, revendiquée par la Nation, reconnue par les Princes même qui la violoient, reſtaurée en partie par les efforts combinés des Rois & des Etats Généraux, redemandée par les Magiſtrats, par les beſoins & la miſere des peuples, victimes tour à tour de la foiblesse des Rois, de la tyrannie des grands, du despotisme ou de la déprédation des Ministres, des vexations des agens du fisc, elle est invoquée & proposée à la Nation par un Roi juste, *le premier ami* de ses peuples, comme il se qualifie lui-même, jaloux de leur bonheur, dans lequel il veut trouver le sien. Tâchons de présenter un précis clair & exact de cette Constitution tant décriée, parce qu'elle est trop peu connue.

Mettons à la tête de tout la Religion, la Religion Catholique, Apostolique & Romaine, florissante dans les Gaules long-temps avant la naissance de la monarchie; qui contribua plus que la valeur même des Francs, à la fonder & à l'affermir; toujours assise sur le trône pendant plus de treize siecles, toujours regardée comme la religion de l'Etat; dont tous nos Rois, les Rois très-chétiens, les fils aînés de l'Eglise, jurerent à leur sacre, avec l'acclamation des peuples, d'être les défenseurs; la plus ferme colonne de la puissance du monarque, de la liberté & du bonheur des sujets. Non, on ne me fera point un reproche de tenir pour constitutionnelle l'antique & véritable Religion: on ne reproche pas aux Anglois d'avoir placé dans leur Constitution une Religion d'hier, en réglant que l'ordre de la succession à la couronne *ne sortira pas de la ligne Protestante.* Poursuivons.

Une Monarchie héréditaire & masculine, sans partage de l'autorité, mais soumise à la loi. Trois Ordres de citoyens libres, égaux par leurs droits, distingués par les rangs & les honneurs, qui sont à la fois les boulevarts du trône & des droits du Peuple. La propriété des biens pour tous ; d'où suit le droit imprescriptible de s'imposer eux mêmes, de régler & d'assurer l'emploi de leurs contributions. La Liberté civile & individuelle des personnes ; d'où suit également le droit imprescriptible de ne reconnoître que l'empire de la loi, de ne pouvoir être arrêtés, transférés, jugés que par un Tribunal légal. Les trois Ordres jouissant du droit antique & précieux d'être rassemblés & convoqués par le Souverain, pour concerter avec lui les moyens les plus efficaces de remédier aux maux de l'État & d'assurer la félicité publique.

Des Corps de Magistrature, établis par le Prince dépositaires des lois & du pouvoir de décider, suivant les lois, de l'honneur, de la fortune & de la vie des citoyens ; avec le recours au Prince, lorsque la contravention à la loi, qui marque leur devoir, est manifeste ; pour rester parfaitement libres de juger suivant la loi.

loi, il faut qu'ils n'aient à craindre que la loi, qu'ils ne puissent être destitués que pour forfaiture, & par un jugement légal. Le Monarque est incontestablement l'unique source du pouvoir judiciaire. Jamais la Magistrature subalterne ou souveraine n'a reçu de provisions que du Roi. Les Justices privées ne peuvent être légitimes, qu'en tant qu'elles sont une émanation de la puissance souveraine, qui n'a pu se dépouiller du droit de les surveiller & de les réformer.

Le pouvoir *exécutif* tout entier, & sans entraves dans la main du Monarque, nécessaire pour faire le bien, pour prévenir ou réprimer le mal, pour faire observer les lois.

L'autorité *législative* également dans la personne du Monarque. Sans cela il cesseroit d'être Monarque. En vain a-t-on voulu disputer au Monarque le pouvoir législatif; c'est son caractere essentiel & distinctif. Les Etats Généraux eux-mêmes l'ont reconnu constamment, & dans les termes les plus énergiques; & les Etats Généraux, les plus jaloux de leurs droits, sous le Roi Jean : *Le Roi seul*, disent-ils, *a le pouvoir de faire des lois.* Tel a été jusqu'à nos jours le langage, la persuasion unanime de la Nation. Telles la doctrine & les maximes invariables des dépositaires & des interpretes des lois, de toutes les Cours souveraines, de tous les oracles de la Magistrature. C'est d'après eux tous que le Président Hénaut a répété : *le Roi seul a le droit de donner des lois, sans quoi la Monarchie ne seroit qu'un vain nom.* Tels furent les principes de ces grands Hommes, vraiment dignes du nom de *philosophes*, qu'ils n'afficherent jamais, l'honneur de la France, les précepteurs des Rois & des Nations, les lumieres de leur siecle & de la postérité, également incapables d'être les flatteurs ou des princes, ou des peuples. Nommons seulement Bossuet & Fénelon. Prétendre que l'autorité législative réside essentilement & même exclusivement dans les Etats Généraux, c'est avancer un paradoxe inoui jusqu'à présent, démenti par tous les Etats Généraux eux-mêmes, par tous les monumens de notre histoire, par cette multitude de lois parvenues jusqu'à nous, toutes émanées de la puissance royale. Nos Rois, & les plus foibles, comme les plus absolus, ont joui exclusivement de cette prérogative dans tous les temps ; si l'on retranche les temps de l'anarchie féodale, qu'il seroit à souhaiter qu'on pût retrancher de nos annales. Chez nos voisins même, c'est le Roi qui, par son consentement aux bills du Parlement, qu'il peut rejeter à son gré, leur imprime le sceau de la loi. Il eſt vrai que les deux Chambres partagent avec lui l'exercice du pouvoir légiſlatif. Mais c'eſt en cela principalement que la Conſtitution Britannique differe de la nôtre.

En conſervant les principes de la Monarchie, qui ſont la baſe de la Conſtitution Françoiſe, & qui ont fait juſqu'ici la gloire du nom François, ne craignez rien pour les droits eſſentiels de la Nation. Le pouvoir légiſlatif, réglé par les lois ſuprêmes de l'équité naturelle & de la liberté nationale, n'a rien de dangereux, rien d'oppreſſif. Ce n'eſt pas à dire ſans doute que le légiſlateur puiſſe faire & défaire les lois ſuivant ſon caprice, changer & attaquer l'état des perſonnes. Le Monarque ne peut porter de lois contraires à la Conſtitution, qui eſt le titre même de ſa puiſſance. Tout ce qu'on oſeroit tenter contre l'équité, contre les lois fondamentales, nul de ſoi-même, excitera toujours une réclamation invincible, & ne peut être validé par aucune force humain. *Il y a toujours ouverture à revenir contre*, dit Boſſuet. Les droits impreſcriptible de propriété & de liberté de la Nation ſont inattaquables. Du droit de propriété dérive le droit de ne pouvoir être impoſé que de ſon conſentement libre. De ce droit qui n'eſt point conteſté, il ſuit néceſſairement que toute diſposition qui y porteroit atteinte, ne peut être valide ni légale ; que par conséquent sans ce consentement préalable il ne peut être levé d'impôt, ni ouvert d'emprunt, impôt indirect, qui emporte hypotheque sur les propriétés nationales.

Nos modernes législateurs reconnoissent que malgré l'étendue & la force de la prérogative royale, la liberté du peuple Anglois, est à jamais assurée par la nécessité du consentement de la Nation, pour toute espece d'impôt. *C'est*, disent-ils, *une arme invincible contre l'oppression.*

Cette arme est également dans la main du peuple François. Il en a fait usage dans les siecles passés. Il l'a renvendiquée. Les Rois même qui avoient blessé ce droit essentiel, l'ont reconnu. Il est consacré par l'aveu solennel que le Roi en a fait.

Liberté de chaque Ordre.

Nous avons déjà observé ce qu'il importe d'inculquer ici, pour faire mieux connoître l'excellence de nôtre Constitution, la plénitude de franchise & de liberté, qu'elle assure à chacun des Ordres de l'Etat. C'est que ce droit inaliénable de propriété, & par conséquent, de voter librement les subdes, commun aux trois Ordres, est encore tellement propre à chacun d'eux en particulier, qu'il ne peut recevoir la plus légere atteinte des deux autres Ordres même réunis ; que le consentement de deux Ordres à quelque contribution que ce soit, ne sauroit lier le troisieme, qui ne peut être lié que par son vœu exprès & volontaire ; que même aucune imposition n'est censée accordée par les Etats Généraux, qu'en vertu du consentement des trois Ordres. Voilà le principe qui a été reconnu en termes formels, & plusieurs fois par les Etats Généraux tenus sous le Roi Jean, par le Roi lui-même, & par son fils le Dauphin Régent. L'Ordonnance d'Orléans a consacré encore depuis ce même principe de la liberté parfaite de chaque Ordre.

Peut-on réunir les deux premiers Ordres en une Chambre ?

Remarquons, en passant, que la distinction des trois Ordres, presque aussi ancienne que la Monarchie, (celle de la Noblesse & du Clergé fut connue dans les Gaules avant la monarchie) est un des élémens de la liberté nationale & de notre Constitution monarchique ; auquel, pour ne rien dire de plus, il seroit téméraire de porter atteinte, en confondant les premiers Ordres, pour en former une Chambre haute, ainsi qu'on l'a proposé. Ce projet peu réfléchi & anti-constitutionnel ne pourroit s'effectuer que par le vœu unanime des trois Ordres, approuvé par le Roi ; indispensablement nécessaire pour légitimer tous changement dans ce qui tient à la Constitution. Et que résulteroit-il de ce changement ? Les premiers Ordres différens ou opposés par leur esprit, leurs principes, leurs fonctions, leurs relations, sont deux corps hétérogenes, qui ne peuvent s'amalgamer. Séparés, ils s'aident, ils s'éclairent, ils se rapprochent facilement ; réunis, ils s'embarasserroient, s'affoibliroient, se repousseroient ; la guerre ne finiroit que par l'oppression du foible. Le Clergé a des formes antiques auxquelles il est attaché avec raison, & qui sont étrangeres à la Noblesse. La Noblesse a des intérêts qui lui sont propres, & que le Clergé ne connoît point. On ôteroit de la balance politique un contre poids salutaire. S'il naît de la division entre les deux Ordres qui resteront, qui les conciliera ? Le Clergé par son caractere & par sa composition, est le médiateur naturel. Il tient à tous les Ordres, il ne sauroit leur être suspect. Il a rempli souvent ce beau rôle avec dignité & avec succès. S'il s'éleve des nuages entre le Trône, les grands & le peuple, qui les dissipera ? La Religion, dont le Clergé est l'organe & le ministre, qui commande & inspire aux Rois la justice & la bienfaisance, aux sujets l'obéissance & l'amour.

Que doit-on désirer par-dessus tout dans le Gouvernement ? La stabilité ; dans les délibérations ? la maturité. Or, il y aura & plus de stabilité & plus de maturité, si l'on opine par Ordre, que si l'on opine par tête dans une seule Chambre ; s'il y a trois Ordres, que s'il n'en reste que deux. Il est probable que deux Ordres ne se réuniront pas toujours pour innover, dit M. de Lolme. S'il y en a trois, la chance qu'il ne se fera point d'innovation légerement, qu'il n'y aura ni précipitation, ni *coalition* inconsidérée, est considérablement augmentée.

Le projet de réunion de nos premiers Ordres en une Chambre feroit une fausse & malheureuse imitation du Parlement Britannique, où la Chambre haute n'est point composée de deux Ordres de la Nation ; le Clergé & les Nobles se trouvant au contraire dans les Communes, mêlés indistinctement avec le Peuple. Nous n'aurions que les noms de Chambre haute & Chambre basse. La Chambre basse Britannique représente tous les Ordres, puisqu'elle est formée des membres de tous les Ordres, élus par la Nation. La Chambre haute, qui n'est formée que des Pairs & des Evêques nommés par le Roi, ne repréſente certainement ni le Clergé, ni la Nobleſſe d'Angleterre ; elle ne repréſente rien. C'eſt à proprement parler un corps de Notables créés par le Roi ; un corps intermédiaire placé entre les Communes & la prérogative royale, pour maintenir celle-ci, & la défendre du choc immédiat & trop violent des Communes.

Prenons garde enfin, que la Conſtitution Britannique eſt une machine compoſée d'une multitude de pieces & de reſſorts, dont la plupart n'ont été imaginés qu'après coup & en différentes circonſtances, pour ſe fortifier ou ſe balancer réciproquement ; & qu'en détacher quelques-uns, pour les adapter a la Conſtitution Françoiſe, ce ſeroit imiter l'impéritie du conſtructeur, qui croiroit perfectionner une machine ſimple, éprouvée depuis long-temps avec ſuccès, en y adaptant les leviers & les rouages d'une machine compliquée, dont il n'auroit point calculé la force, dont il ne connoîtroit, ni le jeu, ni le mécaniſme.

Revenons à la Conſtitution de la Monarchie Françoiſe. Du droit de liberté civile & individuelle, qui n'eſt pas moins l'apanage inconteſtable de la Nation des Francs que le droit de propriété, dérive de meme le droit impreſcriptible de concourir & de conſentir librement à toutes les Lois, qui peuvent affecter & changer l'état des perſonnes & la liberté. Voilà *une* seconde *arme invincible contre l'oppression*. Eh ! quel est le Prince sensé, qui prétendra régir une Nation libre par des Lois, qu'elle méconnoit ou qu'elle improuve ? Que faisoit ce Prince digne de servir à jamais de modele, que faisoit Charlemagne ? Les Lois qu'il avoit préparées & méditées dans son Conseil, il les soumettoit à l'examen & à la discussion de l'Assemblée générale de la Nation; ou il recevoit d'elle des projets de Lois, qu'il revêtoit de la sanction royale, quand il les en jugeoit dignes.

Avantages de la Constitution en supprimant les abus.

Que craignez-vous enfin du pouvoir législatif, attribut essentiel du Monarque ? Les surprises faites à sa justice ? Mais le Roi peut-il craindre des surprises, entouré des conseils & des lumieres des représentans de la Nation ? Il vous déclare que *préférant désormais les délibérations de la Nation aux avis de ses Ministres, il ne sera plus agité par la diversité des systêmes, ni exposé à revêtir de son autorité une multitude de dispositions dont il est impossible de prévoir les conséquences; qu'il sera pour toujours délivré des incertitudes & des regrets; que le Législateur, qui ne doit se proposer que l'avantage de l'Etat & la plus grande félicité des Peuples, ne peut être assuré d'avoir atteint à ce double but, s'il n'a pas pris le conseil & le vœu des Peuples eux-mêmes.* Tel eſt le langage, pour ainſi parler, anti-deſpotique & anti-miniſtériel d'un Miniſtre, le digne organe d'un Roi ſage & bienfaiſant. Entendit-on jamais un pareil langage ſortir de la bouche d'un Miniſtre?

En vain nous répétera-t-on : *quand la puiſſance légiſlative eſt réunie dans la même main à la puiſſance exécutrice, il n'y a plus de liberté.* Je le crois, lorſque le deſpote exécute les Lois que le deſpote a portées. Mais quand les Lois ont été examinées & agréées dans le Conſeil par excellence du Prince, dans l'Aſſemblée de la Nation, ou propoſées par elle; quand elles ſont à la fois l'expreſſion de la volonté du légiſlateur & du vœu de la Nation, peuvent-elles faire ombrage à la liberté? Voilà le gouvernement paternel, ſans doute le plus excellent, puiſqu'il eſt le plus conforme à la nature. Les principes de la monarchie ſont conſervés; la liberté ſans atteinte jouit de tous ſes droits.

Le divin Légiſlateur a daigné donner un grand exemple à tous les Légiſlateurs mortels. Quoiqu'il eût inconteſtablement le droit d'impoſer à ſon Peuple la Loi, par laquelle il vouloit le régir; il ſemble reſpecter le don précieux & honorable de la liberté, qu'il a fait a l'homme. Tout hommage qui ne ſeroit pas volontaire eſt indigne de lui. Il ordonne à Moïſe de convoquer tout le Peuple d'Iſraël, de lui réciter tous les articles de la Loi qu'il lui propoſe, & du traité d'alliance qu'il offre de conclure avec lui, & de lui demander s'il l'accepte. Ce n'eſt qu'après l'acclamation générale de tout le Peuple, après ſon conſentement exprès & volontaire, que la loi eſt portée, que l'alliance eſt jurée entre Dieu & Iſraël.

Les Lois judiciaires ſont également ſoumiſes à l'examen & à la diſcuſſion des Magiſtrats, chargés de les annoncer aux Peuples, & de les faire exécuter, d'en remontrer les inconvéniens au légiſlateur, & les ſurpriſes faites à ſa religion. Pour devenir nationales & conſtitutives, ces Lois n'ont plus beſoin que d'être préſentées à la Nation, & munies de ſon approbation ſolennelle. En un mot, le Monarque au deſſus de tous, la Loi ſeule au deſſus du Monarque ; qui, d'après cet Empereur plus fameux par ſa Légiſlation, que par ſes conquêtes, reconnoît par un aveu qui l'honore, qu'il eſt digne de la Majeſté ſuprême de donner à ſes Peuples, l'exemple de la ſoumiſſion aux Lois.

Enfin la puiſſance exécutrice tout entiere dans les mains du Monarque, pour obliger tous les citoyens, tous les corps, tous es Ordres d'obéir aux Lois, pour tenir la balance juste entre le foible & le puissant, pour assure tous les droits légitimes, pour arrêter & détruire toutes les usurpation. Si vous prétendiez, novateurs téméraires, affoiblir l'autorité ainsi réglée ; vous la rendriez impuissante pour faire le bien, insuffisante pour empêcher le mal. Dès que les droits essentiels de la Nation sont à couvert, la puissance royale doit se déployer avec autant d'énergie que de célérité, pour maintenir l'ordre d'un bout à l'autre de ce vaste Empire ; pour étouffer sur le champ tous les germes de trouble & d'indocilité ; pour assurer le repos, la confiance, le bonheur public.

Il s'agit d'établir un parfait équilibre entre deux extrêmes, dont le dernier est le plus funeste, le despotisme & l'anarchie. Confieriez-vous au Peuple une portion de la puissance suprême ? C'est de tous les pouvoirs le plus aveugle & le plus orageux. Aux grands ? C'est le plus oppressif & le plus tyrannique. La multitude est-elle capable de méditer profondément des Lois, qui embrassent la durée des siecles, qui décident de la destinée des Empires ? Les Peuples les plus sages semblent avoir prononcé contre eux-mêmes. Rome crée les Décemvirs pour lui donner des Lois. Athènes choisit Solon. La Crète se vantoit de garder les Lois de Minos. Sparte s'énorgueillissoit des Lois de Lycurgue. Les François distingués entre tous les Peuples par leur amour pour leur Roi, dédaignerent constamment de reconnoître d'autres Lois que les siennes.

La Constitution subsiste, elle remonte au premier âge de le Monarchie. François, votre Roi a juré de vous gouverner suivant les Lois de votre Constitution : vous avez juré de lui obéir conformément à ces Lois. Le Dieu des Rois & des Peuples a reçu vos sermens. Il est le garant de la foi du Roi & de la foi du Peuple. Il seroit le vengeur de l'infraction & de l'outrage fait à son nom.

Le consentement unanime de la Nation & du Monarque, qui par leur réunion composent la Monarchie entiere, seroit indispensable, pour porter atteinte à la Constitution, & pour l'établir sur de nouvelle bases. Disputera-t-on au Monarque françois la prérogative que les Anglois reconnoissent dans leur Roi, sans la sanction duquel leurs Etats Généraux ne peuvent porter de Lois, ne peuvent rien innover? Mais qu'il est dangereux de remuer les bornes antiques des Empires, d'ébranler les fondemens sur lesquels reposent depuis tant de ſiecles, les fortunes de l'Etat, l'autorité du Gouvernement, les droits reſpectifs des Ordres & des Corps, la confiance du Peuple, la ſoumiſſion des grands, l'opinion de nos rivaux & de nos alliés !

Laiſſons aux autres Peuples leurs Lois, dont nous les entendons ſouvent ſe plaindre avec amertume ; nous n'avons rien à leur envier. Nous connoiſſons les avantages de notre Conſtitution, ſous laquelle le Royaume s'eſt élevé au plus haut point de gloire & de ſplendeur. Nous ne connoiſſons pas les inconvéniens de celle que nous aurions la témérité de lui ſubſtituer. Nous ne connoiſſons pas....... Nous ſavons trop ce que la plus vantée de ces Conſtitutions a coûté de calamités, de ſang & de forfaits. Nous ſavons ce que lui reprochent de profonds philoſophes, & quel horoſcope ils en ont tiré. (1)

Le meilleur Gouvernement, dit Monteſquieu, *eſt celui dont les Lois ſont tellement propres au Peuple pour lequel il eſt établi, que ce ſeroit un très-grand haſard, ſi elles pouvoient convenir à un autre.*

Si l'Aſſemblée préſente ſe croyoit en droit

---

(1) Voyez entre autres l'Eſprit des Lois.

d'introduire des changemens, les Aſſemblées qui la ſuivront, ſeroient également fondées à renverſer ſon ouvrage, pour en élever un autre qui ne ſeroit pas p us durable. Nous deviendrions le jouet des caprices de la Nation la plus généreuſe, mais la plus mobile; ou plutôt de ſes Démagogues, aujourd'hui flatteurs du Peuple, pour en devenir demain les tyrans.

Rendons à notre Conſtitution la juſtice qui lui eſt due. Régénerons-la ; gardons-nous de la détruire. L'ignorant architecte qui propoſeroit de renverſer un édifice majeſtueux, conſtruit pour l'immortalité ; au lieu de replacer quelques pierres, de raffermir des parties ébranlées par la tempête ; de le débarraſſer de maſſes ſurajoutées qui le chargent ou le défigurent, de détourner des courans qui menacent de miner ſes fondemens !

Le Roi, entouré des forces & des lumieres de la Nation, retranchera ce qu'il y a de défectueux, ajoutera ſans dénaturer la Conſtitution, les Lois qui paroîtront convenables pour la garantir & la perfectionner. Il demande qu'on lui faſſe connoître tous les abus. Il veut réformer ſans délai ceux qui peuvent être reformés, préparer avec une ſage circonſpection les moyens d'extirper les autres juſques dans leurs dernieres racines. Sans doute il est des abus sans nombre.

On peut des plus grands Rois surprendre la justice.
Un cœur noble ne peut soupçonner en autrui
La bassesse & la malice,
Qu'il ne sent point en lui.

Il est des abus dans les vexations sur le pauvre Peuple des campagnes ; dans la multiplicité prodigieuse de charges, d'emplois, de commissions inutiles & onéreuses ; dans les profusions du Trésor-Royal, le fruit des sueurs du Peuple, qui ne dut jamais s'ouvrir que pour des besoins réels ; profusions qui alimentent le luxe, achevent d'éteindre le sentiment de l'honneur, en faisant regarder l'or comme la seule récompense digne d'envie ; dans les graces accumulées sur les mêmes têtes & sur les mêmes familles ; dans les survivances des places importantes, qui ne doivent point être héréditaires, puisque le mérite ne l'est point, mais le prix des services & des vertus personnelles. Il est des abus...... Abrégeons cette triste énumération. Il n'en est point, dont le Roi ne désire, & dont la Nation ne doive espérer & hâter la réforme.

Pour déraciner les abus, il faut remonter à la source principale des abus, qui est l'abus même de la puissance souveraine entre les mains des Ministres. Les Etats Généraux ont demandé plusieurs fois ce qu'une grande partie de la Nation sollicite encore avec bien de la sagesse, que les Ministres & leurs délégués soient comptables de leur administration devant le tribunal de la Nation assemblée. Les bons Ministres souscriront sans peine à cette Loi, qui sera tout à la fois le *palladium* de la gloire & de la tranquillité du Roi, de la liberté & de la propriété des Peuples. C'est au milieu de la Nation assemblée qu'ils recevront dans des applaudissemens mérités & non suspects, la récompense la plus flatteuse de leur zele & de leurs travaux, que l'Assemblée présente vient de décerner à un Ministre vertueux. Quant aux Ministres prévaricateurs, la perspective certaine d'une punition exemplaire, & de l'anathême solennel de la Nation, peut seule opposer une digue insurmontable au torrent de la déprédation, du pouvoir arbitraire & oppressif, dont nous avons ressenti les effets désastreux. Ainsi sera justifiée la Majesté Royale, que ces indignes dépositaires de l'autorité avoient voulu rendre complice de leurs attentats. Ainsi, la Nation sera vengée ou préservée. On ne verra plus des hommes, dont le Ministere a été un long crime de leze-Royauté & de leze-Nation, ſe retirer déshonorés, & décorés des premiers honneurs, étalant une opulence révoltante, après avoir appauvri l'Etat. Eroſtrate, après avoir brûlé le temple d'Ephèſe, dit un illuſtre Prélat, ne montera pas en triomphe au Capitole.

Exhortation à l'union.

En un mot, du ſein des Etats Généraux doit ſortir le ſalut & la gloire de la Patrie. Qu'on ceſſe de repréſenter la puiſſance tutélaire du Monarque, la puiſſance conſtitutionnelle des Etats Généraux, comme deux puiſſances rivales & ennemies. Un pere qui raſſemble ſes enfans pour l'aider de leurs forces & de leurs lumieres, raſſemble-t-il donc des rivaux & des ennemis ? Que peut craindre un pere de la piété filiale ? Que ne doivent pas eſpérer des enfans de l'amour paternel ? Voilà l'image la plus ſimple & la plus vraie du Gouvernement monarchique, qui a remplacé le Gouvernement paternel.

Que la Nation ſeconde les intentions pures d'un Roi citoyen ; que l'amour de la Patrie, que l'amour du Roi ſe confondent dans nos cœurs, comme chez nos preux & loyaux ancêtres ; comme ſe confondent en effet l'intérêt du Roi, l'intérêt de la Patrie, qu'on bleſſera toujours eſſentiellement, quand on voudra les ſéparer. Que l'intérêt public ſeul nous anime :

que toutes les barrieres qui divisoient les Ordres, tombent pour jamais. Nous n'avons tous qu'un même intérêt, l'intérêt général, le bonheur commun, dans lequel est renfermé l'intérêt de tous les Ordres, de tous les individus.

Que toutes les traces de divisions soient pour jamais effacées. Les représentans de la Nation réunis avec le Monarque, seront sans doute le signal de la réunion de tous les esprits & de tous les cœurs. Fermons l'oreille aux discours, dévouons à l'opprobre & à l'indignation générale, les libelles des suppôts de la discorde & des ennemis du bien public.

Un des plus grands défauts peut-être des innombrables écrits qui ont paru sur les affaires présentes, c'est qu'au lieu de chercher à établir la confiance & la concorde entre les différens Ordres, ils semblent le plus souvent avoir pour but de les armer les uns contre les autres; de semer la jalousie, l'aigreur, la défiance des intentions & de la générosité des premiers Ordres. Dans le dessein de soulever contre le Clergé la crédule multitude, on a profité de *la liberté de la presse*, pour imprimer que le Clergé possédoit la moitié des biens du Royaume; allégation absurde & calomnieuse. En vérifiant le produit des possessions ecclesiastiques, on se convaincra que le Corps du Clergé est très-chargé. On en peut dire à peu près autant du Corps de la Noblesse & des Communes. (1) L'exception n'est que pour l'opulence, le crédit, & la faveur. C'est, on ne peut trop le répéter, c'est à la Nation à faire cesser un désordre criant, à réduire à un niveau parfait tous les contribuables, de quelques corps, de quelque rang qu'ils soient; à frapper ces colosses, dont les têtes d'or ne portent que sur des pieds d'argile. Ainsi le veut la loi suprême de tous, la justice. Tel est aussi le vœu général. Le procédé loyal &

(1) Puisque nous parlons des François à des François, nous ne pouvons donner d'autre acception au terme *Communes*, que celle qu'il a toujours eue en France, où il n'a jamais signifié que la réunion & les corporations du Tiers-Etat exclusivement. Les Communes d'Angleterre, formées de tous les Ordres réunis, par conséquent des représentans de la Nation, sont aussi différentes des nôtres, que la Constitution Britannique differe de la Constitution Françoise. L'Ordre du Tiers peut sans doute adopter ce nom, réservé jusqu'ici à ses corporations particulieres. Mais en changeant son nom, changera-t-il aussi son état & ses droits, changera-t-il l'état & les droits des autres Ordres? Son Assemblée deviendra-t-elle *l'Assemblée Nationale*, parce qu'il lui en aura donné le nom; comme si les premiers Ordres ne faisoient pas essentiellement partie de la Nation?

généreux des premiers Ordres a confondu ces emportés déclamateurs, artisans de l'imposture, vils instrumens de parti. Il doit éteindre aussi tous les feux de la discorde.

L'harmonie parfaite de volontés & de sentimens peut seule opérer la régénération de l'Etat. La désunion consommeroit notre honte & notre ruine. Ne soyons plus Dauphinois, Bretons, Béarnois, ne soyons plus même Nobles, Militaires, Plébéïens, Magistrats, Ecclésiastique ; souvenons-nous que nous sommes François, & que nous sommes appelés à rétablir sur des bases immuables la gloire du nom François, le bonheur du Roi & de ses Peuples. Qu'importe alors que les Ordres déliberent ou mêlés ou séparés ? Réunis par un sentiment commun, par le patriotisme, tous conspireront également au bien de tous ; soit que l'amour & la confiance mutuelle les rassemblent indistinctement ; soit que, suivant le droit constitutionnel des Ordres, ils demeurent séparés, mais toujours prêts à conférer & à communiquer fraternellement.

Le petit fils de Henri IV, l'héritier de son cœur, dépose l'orgueil du diadême, & vient conférer avec ses enfans sur les moyens de fermer pour toujours les plaies de l'Etat, d'assurer le repos & la félicité publique. Près des marches du Trône eſt un nouveau Sully ; qui, au milieu de la calamité publique, a ſoutenu d'une main l'édifice des Finances près de s'écrouler, en préparant de l'autre les moyens de ſa reſtauration prochaine & complette ; qui ſecondant le vœu d'un Roi, le Pere de ſon Peuple, eſt parvenu, malgré les difficultés & les contradictions de tout genre, à raſſembler les Etats Généraux du premier Royaume de l'Europe, ces Etats Généraux déſirés ſi impatiemment, & qu'on n'oſoit plus eſpérer. Si parmi le concert d'acclamations qui dut être unanime, l'intérêt particulier, l'ennemi de l'intérêt public ; ſi l'eſprit de parti auſſi aveugle qu'injuſte a fait entendre quelques voix diſcordantes, eſpérons qu'à force de bienfaits & de vertus, elles ſeront étouffées.

Je voudrois finir, mais il reſte deux objets importans, dont je ſuis obligé de dire un mot. Ils renferment les droits & les devoirs eſſentiels du citoyen : ſans eux nous ne pouvons eſpérer de ſuccès complet & durable. Ce ſont les Mœurs & la Religion.

Les mœurs. Les plus illuſtres des Philoſophes, les plus profonds politiques l'ont dit ; l'expérience de tous les ſiecles ne nous permet pas d'en douter : les Lois les plus ſages ne ſervent de rien ſans les mœurs. *Quid leges ſine moribus vanæ proficiunt ?* Des mœurs pures & ſéveres ſuppléent aux Lois : elles font déjà tout ce que celles-ci prefcriroient. Rien ne fupplée aux mœurs. Les mœurs qui décident des fentimens & de la conduite des hommes, décident auffi du fort des Lois & des Empires. En oppofition avec les Lois, elles les combattent continuellement, invinciblement. Elles les violent impunément, quand la corruption a gangrené le corps de l'Etat.

L'édifice de la Légiflation de Sparte, admirable à plufieurs égards, s'eft écroulé tout entier, quand il a ceffé d'être foutenu par les mœurs. Les Lois Romaines, qui ont furvécu à leur Empire, ne purent le fauver, quand les dépouilles & les richeffes de l'univers & leurs inféparables compagnes, la molleffe, la volupté, la foif infatiable de l'or, la licence effrénée, le luxe infenfé, l'efprit de fédition & l'efprit de fervitude ; quand la dépravation des mœurs, qui depuis longtemps minoit fourdement les fondemens de l'Etat, fut montée à fon comble. Cet Empire immenfe couvrit l'univers de fes débris.

Nous ne pouvons nous diffimuler les rapports effrayans que nous avons avec ces Peuples énervés & abâtardis. Le luxe a gagné & confondu toutes les conditions. Les voluptés ont efféminé les ames & les efprits : un vil amour de l'or a tout infecté. On ne fait plus rougir des plus honteux déréglemens ; on rougit de la ſageſſe & de l'innocence. Dans nos ſiecles héroïques, le Sexe reſpecté, parce qu'il ſe reſpectoit lui-même, d'un regard animant les Chevaliers François, les faiſoit voler aux dangers & à la victoire : aujourd'hui il prend nos vices, & ne nous donne que ſes foibleſſes. L'eſprit d'indépendance, la licence, ſous le nom de liberté, s'efforce de ſecouer & de briſer tout joug, l'autorité paternelle, le reſpect des Lois, des Magiſtrats, du Trône même. L'égoïſme a deſſéché toutes les vertus dans leurs racines. Puiſſent les ſentimens de généroſité & de patriotiſme, qui ſembloient s'affoiblir chaque jour, & preſque devenir un ridicule, puiſſent-ils ſe rallumer à la grande époque, où la Nation eſt appelée à ſe régénérer elle-même, & à poſer de ſes mains les baſes de ſon bonheur & de ſa gloire !

Pour ſe régénérer, il faudroit régénérer les mœurs ; propoſer les places, où l'exemple eſt impoſant, pour le prix de la vertu réunie aux talens ; n'élever aux premiers rangs de l'Egliſe que des hommes capables d'être *la lumiere du monde & le ſel de la terre* ; veiller avec un zele éclairé, avec le plus tendre intérêt ſur l'éducation depuis trop long-temps négligée, qui nous conſoleroit par l'eſpoir d'une génération moins vicieuſe. Que la Cour ſe conforme à l'exemple de ſon Roi. Que la Ville ceſſe d'ouvrir des écoles de vices & les temples de la volupté. Qu'il ne ſoit plus permis à la grandeur ni à l'opulence de faire trophée de leurs déſordres, & d'en étaler le ſcandaleux ſpectacle. Que nos yeux ne ſoient plus offenſés de ces rapides & monſtrueuſes fortunes, acquiſes aux dépens des Peuples, & bientôt diſſipées en profuſions inſenſées & corruptrices.

Retranchons ſans délai les cauſes capitales de corruption, ces jeux de haſard, plus funeſtes aux mœurs qu'aux fortunes, ces Loteries, cette Loterie qui déshonore le titre dont on l'a décorée, pour voiler, s'il eût été poſſible, ſa turpitude (*Loterie Royale de France!* On ne profana jamais plus indignement ces noms auguſtes); jeu injuſte, par conſéquent illégitime, & cependant légal, nouvel aliment de la cupidité, ſource inépuiſable de fripponneries, de banqueroutes, de miſere pour le Peuple, de déſeſpoir, de ſuicides.... Renfermons la liberté de la preſſe entre les bornes ſacrées qu'ont poſées les mœurs & la Religion. Perſiſterez-vous à ſoutenir qu'il ſuffit à l'Auteur de ſe nommer & de répondre de ſon ouvrage? Vous permettrez donc auſſi à qui aura l'impudence de ſe nommer, de répandre le poiſon, de communiquer la peſte à toute une ville;

au Royaume, aux deux mondes. La liberté est un droit & un bien. Peut-il exister un droit, sera-ce un bien de faire le mal de ses semblables & de l'Etat, de diffamer ou de corrompre la vertu, de calomnier l'autorité, d'attaquer les principes qui font la sûreté, le repos, & la consolation du genre humain ? La liberté de penser seule échappe aux Lois humaines, ne reconnoît de juge que l'Auteur même de la liberté, qui demandera compte à l'homme de l'usage qu'il en aura fait. Fermons ces petits spectacles, créés pour le Peuple, au bonheur duquel ils ne contribuent point (les plaisirs de la nature lui suffisent), qui portent la contagion jusques dans la portion de citoyens, que la dépravation du siecle sembloit avoir respectée, qui lui font perdre avec l'innocence un temps précieux, le fruit de ses sueurs, l'amour & l'habitude du travail. Opposons une barriere insurmontable à la désertion des campagnes & de l'agriculture, l'asile de l'innocence, l'école des mœurs, la mere des vraies richesses. Arrêtons ce débordement continuel dans la Capitale, & des hommes qui ont des places importantes à remplir, Magistrats, Militaires, Ecclésiastiques ; & des personnes des deux sexes, qui, fuyant des travaux utiles, après avoir vendu leur honneur, tendent des piéges à l'innocence, ou, désœuvrés & dangereux citoyens, deviennent des pépinieres de voleurs, de séditieux, d'instrumens & d'artisans de tous les crimes,

N'hésitons pas à détruire cette nouvelle enceinte, ces murs qui menacent Paris d'un accroissement effrayant, qui n'arrêteront pas même la contrebande, tant que l'appât du gain l'attirera. La seule modération des droits peut l'écarter; en même temps qu'elle augmente la recette par l'accroissement de la consommation, l'intégrité des payemens, la réduction des frais & des agens du fisc. Circonscrivons dans des limites qu'il ne soit plus permis de franchir, ce gouffre immense, qui engloutit, avec les richesses & les subsistances des Provinces, les restes précieux des moeurs antiques, la simplicité, la timide pudeur, l'aimable candeur, la piété filiale, la tendresse conjugale, l'amour du travail, le respect des Lois divines & humaines.

Les mœurs sont perdues sans retour, quand les principes en sont éteints dans les cœurs. C'est à quoi tend depuis le beau siecle de Louis XIV, une fausse philosophie, qui concentre tous les hommes dans eux-mêmes, leur enseigne à ne plus espérer en un Dieu rémunérateur, à ne plus redouter de Dieu vengeur. Les Lois ne peuvent rien sans les mœurs; il n'y a point de mœurs sans la Religion.

La Religion. La vraie Religion seule nous présente un code de morale parfait ; seule elle nous offre des motifs puissans, des secours victorieux pour établir la vertu sur une base inébranlable. Elle seule nous a donné l'idée de la vraie vertu, en a fourni des modeles accomplis dans tous les âges, dans toutes les conditions, dans tous les climats. Elle seule peut nous régénérer, qui régénéra autrefois l'univers, lorsqu'un monde profondément dépravé vit avec étonnement au milieu de lui, un peuple nouveau, innocent, vertueux, irréprochable ; à qui ses ennemis les plus acharnés ne pouvoient imputer d'autre crime que leur Religion, à laquelle ils devoient des vertus si supérieures à l'humanité ; des citoyens zélés pour la Patrie barbare qui les rejetoit de son sein, les seuls sujets fideles des Césars, qui s'efforçoient de noyer dans leur sang cette Religion divine.

Elle apprend & intime à tous leurs droits & leurs devoirs : aux Rois, qu'ils sont les Ministres & les images du maître des Rois & des Peuples, par lequel ils regnent ; qu'ils doivent veiller sous lui & comme lui au bonheur des humains, & que c'est à lui qu'ils rendront un compte rigoureux de l'administration qu'il leur a commise : aux Sujets, que toute Puissance vient du Ciel, que lui résister, c'est résister à Dieu même ; que ce n'est pas en vain que le Prince porte le glaive vengeur ; & qu'ils doivent honorer la premiere Majesté dans la seconde. Elle trace à tous les regles les plus parfaites de conduite, aux peres & aux époux, aux enfans, aux maîtres, aux serviteurs, aux Magistrats, au Peuple. Elle leur prescrit le respect & l'obéissance à qui est du le respect & l'obéissance, le tribut à qui est du le tribut; l'amour & la justice pour tous, le soulagement & la protection pour le pauvre & le foible ; de faire aux autres ce que nous voudrions qu'ils nous fissent, de faire du bien à ceux même qui nous haïssent, qui nous calomnient, qui nous persécutent.

Et ce ne sont pas là de vaines & pompeuses spéculations d'une Philosophie qui n'a rien réglé, rien réformé parmi les hommes. Tous ces préceptes divins, fondés sur la nature de l'homme & sur l'ordre des sociétés, l'Auteur de l'univers, qui est aussi l'auteur & le modérateur de toutes les sociétés, nous les a révélés, & nous assure qu'il en récompensera ou punira en Dieu l'observation ou la transgression.

Des saintes maximes de la Religion, de ses terreurs & de ses espérances, de sa pratique fidele dépendent la vertu & le bonheur des particuliers, l'ordre & la stabilité des empires. La Religion est le lien unique & nécessaire qui unit tous les membres d'un empire, tous les habitans de l'univers. Elle leur apprend qu'ils ne ſont tous qu'une même famille, puiſqu'ils ſont tous les enfans du même Pere, appelés tous à la même Patrie, obligés à s'aimer, à s'entr'aider tous comme freres; ſoumis tous aux mêmes Lois d'équité, de pudeur, de bienfaiſance univerſelle.

Otez la Religion; tous les hommes ſont iſolés les uns des autres, tous ſont ennemis en ſecret, puiſque tous ils convoitent les mêmes biens ſans bornes & ſans frein. L'intérêt perſonnel devient l'unique mobile de leur conduite, comme l'enſeignent nos Philoſophes. N'adorant plus un Dieu dans le ciel, ils ne voient plus ſur la terre que des tyrans: leurs paſſions & leurs voluptés, voilà leurs Divinités. Les Lois humaines n'ayant plus pour fondement la Loi divine, ne ſont à leurs yeux qu'un joug inique & arbitraire, que la force contraint bien de porter quelque temps, mais qu'on ſecoue & qu'on briſe dès qu'on le peut ſans péril. Les paſſions que la Religion ne dompte point, l'intérêt perſonnel qu'elle ne réprime point, l'enthouſiaſme de la liberté, l'amour de la nouveauté, abandonnés à leur eſſor, que la Religion ne contient ni ne dirige, feront une ſource intariſſable de troubles, d'injuſtices, de diviſions.

C'eſt donc bien en vain, ſans la Religion,

que nous nous efforcerons de guérir les plaies de l'Etat, d'ouvrir toutes les sources de la félicité publique, d'établir des Lois sages & durables. Me permettra-t-on de le dire? Il est honteux pour nous que les plus grands Législateurs du paganisme aient cru nécessaire l'intervention de la Divinité, aient été jaloux de ne passer auprès des Peuples que pour les organes de la Divinité; tandis que dans un Royaume très-chrétien, fondé & affermi par la Religion non moins que par les armes, tant de fois visiblement protégé par le Dieu de Clovis, de Charlemagne, & du Pere des Bourbons, investis comme nous le sommes des lumieres de la vraie Religion, on entend à peine prononcer son nom sacré dans ces Assemblées solennelles, dans ces discours, dans ces écrits innombrables, où l'on ne paroît occupé que de la félicité publique.

Souvenez-vous, dit le grand Bossuet, digne de faire entendre sa voix aux Rois & aux Etats de la plus florissante Nation, » souvenez-vous que ce long enchaînement » des causes particulieres, qui font & défont » les Empires, dépend des ordres secrets de » la divine Providence. Dieu tient du plus haut » des cieux les rênes de tous les Royaumes..... » Il connoît la sagesse humaine toujours courte » par quelque endroit. Il l'éclaire, il étend ses

» vues, & puis il l'abandonne à ſon igno-
» rance, il l'aveugle, il la précipite, il la
» confond par elle-même. Elle s'enveloppe,
» elle s'embarraſſe dans ſes propres ſubtilités,
» & ſes précautions lui ſont un piége. Dieu
» exerce par ce moyen ſes redoutables juge-
» mens ſelon les regles de ſa juſtice ».

Roi des Rois, Pere des lumieres, il donne & il ôte la puiſſance & la ſageſſe; il tient tous les cœurs dans ſa main. C'eſt lui qui permet aux flots des paſſions & des ſéditions de ſe ſoulever; c'eſt lui qui les calme à ſon gré, qui leur dit, comme aux flots de la mer: *vous irez juſques-là & vous ne paſſerez pas outre.*

Comme il répand dans ſa colere, ſur les Rois & ſur les Nations, *cet eſprit de vertige & d'erreur, de la chute* des uns & des autres l'infaillible *avant-coureur*; il envoie auſſi, déſarmé par la priere & par le repentir, il envoie aux Rois & aux Nations ſon *eſprit de conſeil & de ſageſſe, ſon eſprit de paix & de douceur, ſon eſprit de force & de vérité*, qui inſpire les Légiſlateurs, qui traquilliſe & affermit les Empires, qui renouvelle la face de la terre, & en fait une foible image de ce Royaume immortel, ſéjour de la vertu pure & du parfait bonheur.

www.ingramcontent.com/pod-product-compliance
Ingram Content Group UK Ltd.
Pitfield, Milton Keynes, MK11 3LW, UK
UKHW020344180726
13839UKWH00002B/897